KINZAI バリュー叢書

矜持あるひとびと

語り継ぎたい日本の経営と文化 1

社団法人企業研究会参与
原　誠［編著］

社団法人 金融財政事情研究会

はじめに

本書は二〇〇六年九月四日のブラザー工業会長・安井義博氏（以下、インタビュー時の肩書で統一）から、二〇〇八年二月二七日のヤマハ発動機元代表取締役社長・長谷川武彦氏まで、社団法人企業研究会の参与としておもに経営者の方々に行ったインタビューの記録である。

近年ではリーマン・ショック前後の、また長い歴史のなかでは戦前戦後、あるいは産業そのものの盛衰といった時代の変化や聞き手としての私自身の問題意識の変化に伴って、インタビューの主題が変わってきた。

私自身の問題意識という自らの内面からの変化と受け取られるかもしれないが、変化はおもにお目にかかった方々のお話によるよい影響によるものである。

ことに、最初の変化はお二人目にお話を伺った旭化成の山本一元相談役のインタビューで起こった。「構造改革とその後の成長」というテーマで山本氏にインタビューを依頼したが、「私が社長在任中に四〇〇〇名の社員の皆様が当社を離れることになった。その方々がいらっしゃるうちは自らの意思決定について語る気はない。だから歴史の話をしよう」とおっしゃり、お引き受けくださった。織田信長が好きとの噂を耳にし、必死に予習をしたものの、当日は旭化成の前身である日本窒素創業者の野口遵から芭蕉や空海についてまでお話が広がり、歴史や化学の勉強をあらためて進める契機となった。
二つ目の変化が起きたのは、リーマン・ショック後の二〇〇九年秋から企業研究会創立六〇周年記念号の特集「魅力ある企業の条件～人に焦点をあてて～」に取り組み、六人の方からお話をお聞きするなかで、半ば意図して堀場雅夫さんに「これまでの日本、これからの日本」と題してお聞きした際である。あえて企業ではなく「わが国について」を主題としたのは、その頃読んでいた湯川秀樹さんの評論の「広大な真実の世界」について、どうしても聞きたかったからである。そしてわが身の視野の狭さ、視点の拙さを再び思い知らされたのもこの時であった。ちなみに、湯川さん評論の一節は次のとおりである。

現実は痛切である。あらゆる甘さが排斥される。現実は予想できぬ豹変をする。あらゆる平衡は早晩打破せられる。現実は複雑である。

われわれ凡人はどうしても現実にとらわれ過ぎる傾向がある。そして現実のように豹変し、現実のように複雑になり、現実のように不安になる。そして現実の背後に、より広大な真実の世界が横たわっていることに気づかないのである。

湯川秀樹『目に見えないもの』

変化とは逆に、インタビューにおいて私が一貫していること、一貫して心がけてきたこともある。

第一に、四つの点をほぼ必ず聞いてきたことである。ご自身の夢と体験、師匠と薫陶、教養（特に好きな言葉）、そして不易流行についてである。それぞれの方にとっての不易流行は、その方の哲学であり、その哲学をかたちづくってきた要素は夢と体験、薫陶、教養の三つだからである。

第二には、人選である。さまざまな方から推薦をいただいたり、講演や著書などを読んでインタビューのお願いにあがった。その企業の創業者にインタビューしたくてももうお亡くなりになっている場合は、その方に直接指導を受けていらした方を意識して選ばせていただいた。

第三に準備である。お話がどれだけ深まるかは、どれだけ相手に近づくことができるかで決まるものである。だから、その方の著書や講演録だけでなく、時間の許すかぎり、その方の戦前の先輩の記録や創業の地を訪れるなどして空気を感じられるよう努めてきたつもりである。

第四にテーマである。「魅力ある企業の条件」は二〇〇八年から〇九年にかけてのテーマで、二〇一〇年のテーマは「目にみえないけれど大切なこと」である。ただ相手に近づくだけではよい記録は残せない。近づいた後で自分の位置に返ってはじめてよい質問と答えが得られるため、テーマという名の立ち位置が必要だったのである。

未来は手本無き時代が続く。本書のさまざまな記録のなかで企業人の方々に読み取ってほしいのは、視点と教養そして前進する力である。状況を認識して、目標や目的を自ら設定し、実行するのに必要な能力とはこの三つだからである。

たとえば、Ｓｕｉｃａの導入にあたって、ＪＲ東日本時代の細谷英二氏が「社会の要請に応える」との視点でその導入を決めた。プラスチックカードの読取り・書込み技術の評価でもなければ、顧客ニーズという言葉でもなかった。また、「教養とは批判力である」とは武者小路千家家元の言葉である。教養は膨張や暴走を防ぐからである。前進する力がなくてはプランで終わってしまうからである。

このたび本書が上梓できることは嬉しくもあり、晴れがましくもある。

この記録を作成するにあたっては、実に多くの方々のご協力とご支援を頂戴した。

お話をお聞かせいただいた方々やそれぞれの広報ならびに秘書の皆様には、長時間のインタビュー、事前資料のご提供や校正の労をおとりいただいた。

企業研究会の花房正義会長をはじめ、石山専務理事、西尾プロデューサー、小野原編集長、市原編集長の四氏には企画段階から今日まで実に手厚いご支援をいただいた。

また、職場の後輩諸氏にも細かい調査や校正にご協力をいただいた。永田達哉さんと今野真奈美さんには本書の出版にあたり、各氏とのやりとりの要約を取りまとめていただいた。ここにあらためて謝意を表したい。

最後に、本書出版の機会を設けていただいた社団法人金融財政事情研究会の倉田勲専務理事、株式会社きんざい冨川洋社長、ならびに、企画構成にご協力いただいた同会出版部加藤一浩部長、佐藤友紀氏に、そしてこのような道筋をつけていただいた多胡秀人氏に厚く御礼申し上げます。

本書が日本のこれからに大いに役立つことを信じて。

二〇一一年　二月

原　誠

（注）　本書に登場する〝ひとびと〟の所属は、二〇一一年二月現在のものです。

目次

ブラザーの生き方～「進化」磨き続ける経営～

ブラザー工業相談役　安井　義博　氏

歴史に学ぶ構造改革～自らの使命を自ら任ず～

旭化成常任相談役　山本　一元　氏

鹿児島銀行の地域再生～取引から取組みへ～

鹿児島銀行取締役会長　永田　文治 氏

ホンダと私、大学改革と私

多摩美術大学名誉教授、元本田技研工業常務取締役　岩倉　信弥　氏

困難を乗り越えて

ヤマハ発動機元代表取締役社長 長谷川 武彦 氏

ブラザーの生き方

～「進化」磨き続ける経営～

（二〇〇六年九月インタビュー）

【安井　義博氏　略歴】

一九三八年（昭和一三年）一〇月八日、愛知県名古屋市生まれ。一九六一年（昭和三六年）、日本ミシン製造（現・ブラザー工業株式会社）に入社。開発部長、常務取締役、専務取締役を歴任され、一九八九年（平成元年）社長に就任。代表取締役会長、取締役会長を経て二〇〇九年（平成二一年）からは相談役。東邦ガス株式会社社外監査役、社団法人日本縫製機械工業会会長、名古屋商工会議所副会頭も務められている。

安井氏はブラザー工業創業者の安井正義氏の弟で副社長を務めた安井実一氏の長男としてお生まれになり、一九八九年からは同社の社長として、さまざまな改革を断行された。

対談では、二〇〇八年に創業一〇〇周年を迎え、世の中の変化に適応しながら競争各社との差別化を図り、開発創造型企業に成長したブラザー工業の歴史を、三つの創業期に焦点をあててお話を伺った。

約五〇年間続く「第一の創業期」では、ミシンの国産化を実現し、「販売しうるものをつくる」「儲かる仕事より損をしない仕事」という鉄則を確立した。「第二の創業期」ではミシン販売でできた販売ルートを活かし、家電やタイプライターへの多角化を実現した。そして安井氏が社長に就任されてからの「第三の創業期」では、情報通信機器事業への選択と集中、調達から物流に至るものの流れのグローバル化、経営危機に陥った国内販売会社の健全化という三つの構造改革が行われた。

1　三つの創業期を経たブラザーの歩み

――ブラザー工業は二〇〇八年に創業一〇〇周年を迎えられます。この一〇〇年の間に創業期もあれば成長期、構造改革期もあり、その過程で多くの事業や製品が生まれ、今日に至っていると思います。現在では社員数二万三〇〇〇人、海外生産比率は約八五％、海外販売比率は約八〇％と名実ともに名古屋で生まれたグローバル企業といえましょう。今日に至る歴史を振り返り、ブラザーの分岐点をお聞かせください。

安井　ブラザーのほぼ一〇〇年にわたる歴史を三つの期間に分けますと、まず、私の祖父がミシンの修理業を始め（一九〇八年）、私の父と伯父ら兄弟が力をあわせてミシンの国産化を実現した（一九二八年）ミシン専業の時代を「第一の創業期」と呼んでおります。そしてミシンから編機、家電、タイプライターへと製品の多角化を進めた時代を「第二の創業期」、そして私が社長に就任して以来進めてきた情報通信機器事業への選択と集中の時代を「第三の創業期」と呼んでいます。

創業期とは、たとえば、製品をつくる、部品をつくる、サービスをするなど、さまざまな業態をスタートする時期というとらえ方と、精神的な面では一つの思いを実現する時期というとらえ方があります。

――それでは、後者の「思いを実現する時期」という観点で歴史を振り返っていただけますか。

安井　祖父の兼吉は大変な機械好きだったそうですが、ふとした機会に舶来のミシンに接し、そのとりこになり、最終的にはそのミシンの修理と販売によって身を立てる決意をしたのです。当時のミシンは精密機械で、技術的に遅れていた日本では国産化のメドが立っておらず、ミシンの修理は時流に乗った事業でした。一九〇八年に「安井ミシン商会」という名で、輸入ミシンの修理、販売会社を設立しました。兼吉の長男正義は一〇人兄弟の長兄で幼い頃から家業を助けていましたが、この正義が国産ミシンをつくる、という稀有な夢をもちました。父親の兼吉は財産を使い果たされるかもしれないとびっくりして資産を家に変えてしまったということですが、その夢は頓挫することなく、最終的には一〇人の兄弟姉妹が力をあわせて実現されることになったのです。そのスター

トが、一九三四年の日本ミシン製造株式会社です。

日本ミシン製造は、単にミシンを国産化しただけでなく、「輸入産業を輸出産業にする」「愉快な職場をつくる」「働きたい人に仕事をつくる」という三つのキーワードのもと設立された会社です。創業の精神は「優れた品質、無言の奉仕」です。優れた品質の製品をつくることが社会に奉仕することであり、最終的にはお客様の信頼を得て、自分たちの生活を安定させることになる、というモットーなのです。

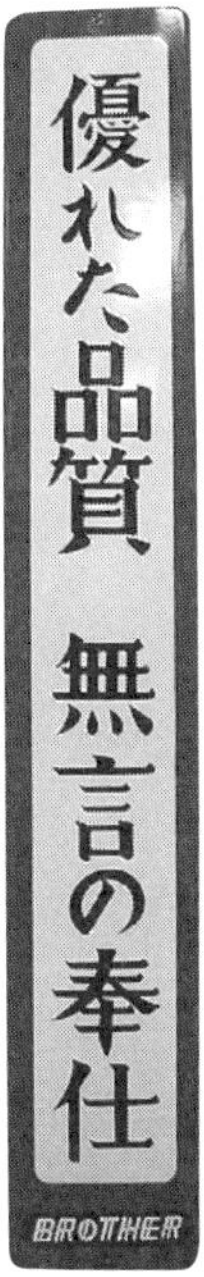

「働きたい人に仕事をつくる」という信念は、伯父の安井正義が一六歳の頃、家業不振のため日本車輌熱田工場に就職内定をもらっていたのに直前に取り消された体験や、不況のため周囲に働く意欲があっても機会を得られない人が多数いたことに端を発しています。働く職場をつくりたい、という思いが強かったからこそ、サービス業としてではなく、ミシンの国産化、そしてその量産化を目指していったのです。思い、志、あるいは夢があって製造業としてスタートしたのが第一の創業期です。

――第二の創業期について、お聞かせください。

安井　第二の創業期には、輸入産業を輸出産業にするという海外志向の思いがあり、それが具現化した時期でもありました。正義も実一も早くから海外に出向き、アメリカの家電や社会の豊かさをみて、ミシンだけではなく、家電分野への参入も決めています。

ミシンの動力源は、手回しから足、足踏みからモーターへと移っていきました。当時、モーターは文明の象徴と評価されていて、私が小さい頃は工場でも一つのモーターが動力源で、それぞれの工作機械はすべてベルトで動いていたのですが、ミシン一台一台にモーターがつく時代になったのです。

ミシンのユーザーは女性で、ミシン販売でできた販売ルートを活かすため、多角化に踏み切り、編機や家電製品など、女性が家庭で使う製品の開発に着手しました。当時は、家庭にモーターがいくつあるか、あるいは洗濯機や掃除機、扇風機といった電化製品がいくつあるかが話題になった時期であり、お客様の要望に応えるために、ミシンで蓄積された技術をもとにして、一九五四年以降に多角化していきました。これが第二の創業期です。

タイプライターは一般的にはオフィスで使うものですが、私がアメリカ留学時代に驚いたのは、卒論をタイプライターで打たないと受け付けてくれないという文化です。上手な字で書いてレポートをもっていっても手書きでは駄目だといわれました。タイプライターはその後大きな事業の柱となりますが、ここで培われた世界各国の販売チャネルも、その後のブラザーの発展に大きく寄与しました。

私は機械科の卒業ですが、幼い頃にミニチュア真空管ラジオなどを分解して父親にしかられたほど電気には興味があり、中学校時代にはラジオなどを改造し、ワイヤレスマイクをつくったりもしました。しかし、入社当時は周りには電気科の人は少なく、機械科の人ばかりでした。これからは電気・電子技術だという流れもあり、電動タイプライターをI／O化し、その後はアメリカのセントロニクスというベンチャー企業と世界初の高速ドットプリンタの共同開発を進めました。それまでの活字方式とは異なり、ドットプリンタはドット、つまり点で文字を構成します。当時、コンピュータのデータをアウトプットする機械は大型で、特殊なものでしたが、高速ドットプリンタを開発したことにより、プリンタがより身近な情報機器へと進化しました。ドットプリンタはオフィスで使われましたので、耐久性や信頼性が非常に重視されました。

タイプライターはすべてスタンドアローンで、一つの機械として完結しているところがありますが、ドットプリンタはコンピュータのアウトプットマシンとして、コンピュータの進化とともに、後々時代を大きく変えていきます。

2　第三の創業期

――安井会長が社長に就任なさってから「第三の創業期」について、お聞かせください。

安井　第三の創業期は、高度情報化社会のなかでネットワーク端末に特化した時期です。ファックスや通信カラオケなど、相手と通信するための端末は、一つの事業として完成するために、さまざまな産業と結びついています。携帯電話向けの着信メロディーのような事業になると、コンテンツ、携帯電話会社、ネットのプロバイダー、また、利用回線の仕組みにはＮＴＴが位置するなど、さまざまな分野の企業が結びついて一つの事業になるのです。

ファックスについては、日本電信電話公社からＮＴＴへの民営化という環境変化のなかで、われわれは非常に後発でしたが、特徴のある製品を開発して参入できました。現在ではデジタル複合機に進化してブラザーのコア事業になっていますが、当時は「なぜファックスをやるのだ」といわれたものです。

プリンティングの技術とネットワークという通信技術、インターフェースと機械、あるいは人間と機械を結びつけるさまざまな技術の集合体として、いままでのスタンドアローンではなく、製品がネットワークとつながり、一つの業を展開していくのが、第三期の位置づけです。

第二期では国内で電子レンジや「エミリオン」というブランドの電子オルガンもつくるなど、私が開発部長としてメカトロ化を進め、メカニカルの発想をエレクトロニクスの発想に変えていきました。手足、つまり動力源のモーターに頭脳が加わるということは大きな変革で、その変革に応えるとともに、製品と製品がつながるマシン to マシン、それからマシンと人をつなげるマシン to ヒューマンの時代に突入していくというかたちで、選択と集中を進めていったのです。マーケットのお客様のＮＥＷＳ（Needs, Emotion, Wants, Solution）と技術の種（シーズ）を、いかに融合したり結合したりして新しい価値を生み出していくかを、ブラザーでは「創造活動」と呼び定義づけています。

多角化でさまざまな製品を手がけてきたこともあり、当社の技術者はさまざまな技術をもっていました。私が社長に就任してから、家電などの事業から撤退し、情報通信事業への選択と集中を行い、現在は情報通信関係の機器が全体の売上げの約七割になりました。創業時から続いているミシンは、現在売上げの約一五％です。

――もう少し詳しく「ＮＥＷＳ」についてお聞かせください。

安井　「お客様にとっての価値とは何か」を考えると、必要性からくるもの、欲求のあるもの、お客様自体が問題をもっているもの、などがあります。それをソリューションというかたちでわれわれがサービスや商品として提供していく、ということです。エモーションとは、お客様がもつ感性や驚き、感動です。これらをどう商品のなかに盛り込み、お客様の感性にどう訴えていくかということです。

われわれはまず、マーケットをセグメントし、お客様にフォーカスをあてて、そのお客様のＮＥＷＳを分析し、商品開発を行っています。ＮＥＷＳとは、たまたま東西南北を表しますが、東西南北のどの軸にウェイトを置いて進めていくか、Southに行くのか、Northなのか、WestやEastのほうに行くのかという、方向性を見定めたうえで進めていくことが大切です。

したがって、NEWSと、われわれのなかに蓄積されたシーズ＝技術の種を結合したり融合したりしていくということが、ブラザーのものづくり＝価値創造活動ということです。

——一〇〇年に近い歴史のなかでは、分岐点もあったと思いますが。

安井　ブラザーは創業以来、世の中の変化に適応しながら競争各社との差別化を図り、独創、独自というキーワードで需要を創造しながら製品を開発し、開発創造型の企業に成長してきました。それぞれの創業期には大きな節目があって、会社の寿命は約五〇年、あるいは三〇年といいますが、ブラザーでは一九〇八年の創業から一九五四年に編機に参入するまで、ミシン専業の時代が約五〇年続きました。

家電の電子レンジや扇風機などの事業に参入した際の競争相手は日立、東芝、松下、シャープといったビッグメーカーです。家電メーカーは日本にこんなにあっていいのだろうかと思うほどたくさんあったわけですが、ブラザーは海外市場へも電子レンジや電卓などを輸出し競争していました。その多角化の時代は三五年ほどです。一九八四年に全盛期を迎えましたが、プラザ合意による円高の影響などにより、業績が悪化しました。これが私にとっての大きな転換点でした。当時私は専務でしたが、非常に危機感をもって、通信分野への参入を決めました。ちょうどＩＳ

ＤＮが発表され、電電公社がＮＴＴに変わり、ＮＴＴブランドでファックスを採用してもらいスタートが切れました。そこから数えるとまだ二〇年も経っていませんが、いまは情報通信機器事業が中心になっていて、ＩＴの進展によってさらなる変革期がやってくると思っています。このように事業のライフサイクルはだんだん短くなってきているという印象を受けています。世の中の変化が製品開発に与える影響は大きく、ブラザーでは一九九五年にデジタル複合機を発売しましたが、その開発の背景には、アナログからデジタルに変わるという、ＩＴ革命があります。

ブラザーのプリンタの歴史を振り返っても、メカニカルな力で印字していくものからサーマルトランスファー（熱転写）やレーザーで荷電してプリンティングしていくという技術、そしてインクジェットというかたちで、一九八〇年代から九〇年代にかけて大きく発展していったのです。

――あまりに短サイクル志向になると開発寄りの企業になりがちです。一方で、イノベーションは研究からしか生まれません。ブラザーに限らず諸般の事情で短サイクルすなわち開発が強い会社になった場合、技術革新をどのように生み出していくのでしょうか？

安井　たしかに、最近は製品のライフサイクルが非常に短くなっています。あらゆる産業にいえることですが、情報通信分野については、特にその傾向が強いため、どのように技術革新を起こしていくかが重要です。とてもむずかしい課題ですが、一言でいうと、先見性、先取性、先進性という、三つの「先」だと思っています。

先行して、一歩先をみる「先見」、そして一歩先取りをする「先取」、一歩でも半歩でも他社よりも他人よりも先に進む「先進」。この三つの「先」が、技術革新においては重要です。

ブラザーでは、要素技術や基盤技術は本社部門、商品化に近い開発は社内カンパニーが担当しています。世の中の動きを見据え、先行開発した技術をどのように活かしていくかという、技術のロードマップをもとに、商品化までの段階を二つに分けているのです。開発にはひらめきからくるものと、コツコツ積み重ねていくものがあります。技術は基本的には積み重ねていって、新しい発見や発明、特許などが生まれてくるわけですが、意外とひらめきの部分もあるのです。両方大切ですが、この二つの性質を大切にしつつ、製品開発やQCDをきちんと考えなければなりません。

3 創業以来成長し続ける

――創業以来、現在まで成長を続けることができた要因は何でしょうか?

安井 一言でいうのは非常にむずかしいのですが、あえていえば、変化に適応してきたということでしょう。これまでは技術と環境など、世の中の大きな潮流が変わってきました。グローバライゼーションもそうだし、技術でいえばＩＴ化、特にインターネットが急速に発達しました。

「TAKERU」やファックスを始めた頃にビル・ゲイツ氏と会って話をしたことがあるのですが、彼がこんなに大きな変革を世の中に起こすとは当時はまったく思いませんでした。

世の中が大きく変わっていくなかで、ブラザーの選択として、その時々において、ビジョンや戦略を、期限を決めて示してきました。ダーウィンの進化論ではありませんが、生きるということは成長するということで、成長するためには環境に適応し、かつ競争に勝ち抜く強さを身につけなければなりません。

成長を続けるためには、やはり長期的な展望をもって成長を図っていくことが重要になるでしょう。祖父も父もやはり先の先のことを考えていたので、長期の成長というか、長く生きることを常に意識し、そのための行動を継続していたように思います。

私はマーケットの変化や技術の変化、あるいはお客様の変化や世の中全体の潮流の変化に対応するために、3C（Change, Chance, Choice）が大切だと口癖のようにいっています。チェンジはチャンスであり、そこでは何をチョイスするかが重要です。世の中には変化をピンチとしてネガティブにとらえる風潮がありますが、いまの政治の世界でも、リーダーはビジョンや戦略など、長期的に考え、いま何をいちばんに変えるのか、あるいは変化を好機としてとらえて、どう行動するかというチョイスをすることが大切だと思います。

その時々のタイミングにおいて、マーケットも技術もお客様のニーズやウォンツ、またエモーションもソリューションも違います。さらに、いまは多様化の時代です。昔、ものが少なかった時代はものがあればよく、よりよいものが安くできるということが競争優位に立つ絶対条件でしたが、いまは品質がよいのが当たり前で、しかも個性のあるもの、あるいは独創的な機能を付加したもの、あるいは感動を与えるようなものが必要です。

どうチョイスするかというときには、企業では自分の強みを戦略的に選択し、それをより強くするために経営資源を投入していくのが鉄則です。また、独創的なものをつくるということは、世の中にないものをつくりあげるということです。たとえばデジタル複合機にしても、SOHOというマーケットはかつては意識されていませんでしたが、ブラザーでは、他社に先駆けてSOHOに最適なデジタル複合機を開発しました。市場を創造し、育てていくということは、非常に長期の、自分たちが生き残るための戦略なのです。ファックスを手がけながら、複合機を視野に入れつつ、販売会社と一緒になって商品を企画しながら、NEWSを取り入れ新しい機能を付け加えていったのです。そのように、変化に対応していったのです。変化への対応がお客様に受け入れられ、それがヒットすれば会社は繁栄します。したがって、ものづくりはまさに変化対応業といえましょう。

私は、人間と自然は「生かし、生かされ、生きる」という「共生き（ともいき）」の関係にあると考えています。これは企業活動にも当てはまることで、企業がお客様に価値あるものやサービスを提供し、その対価により企業が生かされている。そしてその両者が積極的に生きている、という関係が望ましいわけです。共に生かし、生かされているという気持ちを忘れず、お客様のほうを向いて仕事をしていくことが大切です。

4 危機と変革

――ブラザーは事業の構造を変えながら成長してこられたと思いますが、安井会長が経験された、構造を変えざるをえなかったほどの危機や、大きな変化について、そしてその対応についてお聞かせください。

安井 私は三つの危機に三つの変革をしてきました。つまり、三つのピンチをチャンスに変えてきたといえましょう。

第一は、私が社長になった時期でした。会社の業績が悪化し、タイプライターも家庭用ミシンも市場の伸びが鈍化していました。タイプライターもちょうどワープロがＰＣに変化していく時代でしたから、業界全体の先行きが不透明でした。そこで私は「21世紀委員会」という社内プロジェクトを立ち上げ、ビジョンを見直し、一〇年後のブラザーのあるべき姿を徹底的に議論しました。最終的には情報通信機器事業へ選択と集中をする、というビジョンに集約し、現在の事業形態があります。

第二は、超円高です。一九八四年に過去最高の売上げ、最高の利益を出してすぐ、一九八五年のプラザ合意以降、急激な円高が進み、当社の収益が急激に悪化しました。当時二四〇円付近だった円は、一九九五年四月初旬に一ドル八〇円台になり、為替は一瞬にして五%、一〇%と変わってしまうという相場となりました。しかし、金融業と違ってわれわれのものづくりには開発期間があり、材料を仕入れて、それを加工していくなど非常にプロセスが長い。一ドル三六〇円で固定化されていた頃と比べると、八〇円ということは円が約五倍の価値になったのですが、われわれが海外で売ってドルをもらうと五分の一の収入にしかならず、売上げも利益も減ってしまう。われわれのような輸出の多い企業には大変厳しい状況でした。そこで、工場を海外に建設し、調達から物流まで、ものの流れをグローバル化して、ドルの収入・支出のバランスをとり、為替に影響を受けにくい体質づくりに努めました。ブラザーのSCMのなかでドル調達を増やし、工場の形態、ものができあがるまでのプロセスの変革をしてきた。これが一九九〇年代の半ばです。

三つ目の危機は、長らく訪問販売という形態でミシンを販売してきた国内販売会社が、その販売形態が時代とあわなくなり、ブラザー製品以外のビジネスを拡大させたあまり経営危機に陥っていたことです。

最も困難だったのがこの問題でしたが、国内販売会社を一〇〇%子会社化し、債務をすべて引き継いだうえで健全化することにしました。このスキームには多くの困難が伴いましたが、つくることと売ることを完結し、お客様のほうを向いて仕事ができる体質にする、という強い意志のもとで断行しました。現在では、当時の負の遺産を解消し、販売会社も財務的に健全で、情報機器を中心とした新しい会社に生まれ変わっています。

5 事業の一貫経営

安井 私は経営の信念として、つくる・売るをグループ内で完結させる、事業一貫経営を目指してきました。この事業一貫経営が国内ではなかなかできなかったのです。現在の主力の一つであるファックス、安定して利益を生むラベルプリンター「ピータッチ」は、いずれも国内の販売会社が売らないというので、最初は他社にOEM供給し、他社ブランドでスタートしました。しかし、OEMでは事業のコントロールが必ずしも思うようにいかず、自社で、そしてアメリカできちんと売れるような商品にしなくてはいけないという考えで三九九ドルのファックスが生まれたのです。やはりブラザーとして、つくるところから売るところまで完結させなければならなかったのです。

事業の一貫経営はお客様に近づくための一つの手段でもあります。お客様のニーズやウォンツをきちんとメーカーに届けるのが販売会社であり、それをきちんとした製品として価格競争力のあるかたちで販売会社に供給していくのがメーカーの責任です。それぞれのベクトルをあわせることが重要で、お客様へのフォーカスをばらばらにあてていてはいけません。

また、グローバルな企業として育つためには、ローカルな対応も必要です。アメリカで成功したからといって、それを今度はヨーロッパにもっていってもイコールにはならないし、ましてや日本においてはまったく違うかたちになります。ローカルな対応のためには、販売会社を子会社化し、きちんと、つくる人と売る人とのベクトルがあうようにしていくことが大切なのです。

同時に、地域のマーケットのどのお客様にフォーカスをあてるかということも大切です。市場をセグメントし、そのなかでフォーカスをあてたお客様のニーズやウォンツ、エモーション、ソリューションを、性能や機能、あるいは品質に落とし込んで競争のできる価値をどう生み出していくかということになります。

ブラザーでは、お客様を中心とする事業活動を実現するためのシステムとしてＢＶＣＭ(Brother Value Chain Management)を導入しています。ＢＶＣＭとは、ブラザー独自の経営システムであり、お客様を中心に、ＩＴを駆使しながら、グループの全体最適を追求するプロセスマネジメントシステムです。

ＢＶＣＭではまず、「お客様は誰なのか」を明確にしたうえで、お客様を基点として商品企画、開発、設計、製造、販売、サービスの各段階において情報をリアルタイムで共有します。デマンドチェーン、コンカレントチェーン、サプライチェーンの各プロセスにおいて、お客様を常に中心に置き、お客様にとって価値のある商品やサービスを迅速にお届けすることを目指しています。

6　グローバル化が成長に貢献

——世の中には、これからグローバル企業として生き残っていこうとしている企業がたくさんあると思います。ローカルな企業と、グローバルな企業の違いをお話しいただけませんか。

安井　「インターナショナライゼーション」と「グローバライゼーション」の違いは何かというと、インターナショナル、つまり国際化は、ナショナル（国）を意識しており、対する相手があり、その境目（国境）がある。グローバルとは全地球的なもので、経営資源である人、物、金、情報、ブランドが自由に行き来することで、国境というものがないのです。

現在はメガコンペティションの時代に突入し、自動車産業も家電産業も、グローバル化の波でマーケットを外に求めながら、生産効率を高めていくという量的な規模での競争をしています。一方で、お客様のデザイン志向など、その地域にあった対応が必要で、さまざまな国で、多様化した考え方のなかで、共通項とローカルに対応することをきちんとみていかなければいけない。つまりグローバルな視点でグローバルな発想をし、ローカルな対応をするということで、それができれば非常に効率がいいのです。

これからの時代は、グローバルな発想でローカルな対応をしなくてはなりません。違った法律で、違った文化、価値観をもった人が一つの国を形成しているので、グローバル化によって人が自由に行き来し、ものが一様に流通するようになったといえども、やはりローカルな対応をしていかないと、製品は評価されないのです。

ブラザーの成長に貢献したのは、そういうグローバルな視点、グローバルな発想であったと思います。グローバル化といっても、グローバルな市場などありえません。やはりローカルな市場で、サービスもローカルなのです。もちろん世界的な流行でグローバルな商品がパッと生まれることもありますが、基本は個々のお客様にきめ細かく対応することであり、ローカルな対応が非常に重要なのです。

現在、海外にあるブラザーの一二の生産拠点の半分以上が中国にあり、アセンブル（組立て）を中心とした部分を行っています。メガコンペティションの時代、あるいはグローバルな時代に生き残るためには、為替やコストなどさまざまな条件があるなかで、生産についてもグローバル化しなくてはなりません。ブラザーでは製品のベースは各国共通とし、スケールメリットを享受しつつ、各国にあわせたラインナップを展開することにより、グローバルな発想のなかでローカルな対応をしていく（シンクグローバル・アクトローカル）ということが成長に貢献してきたのではないかと考えています。

7 中国・インドなど新興市場への進出について

――ブラザーがこれまで進出してきた欧米市場と、近年台頭著しいBRICs市場との違いについてお聞かせください。

安井 ＢＲＩＣｓ市場において、たとえばファックス業界やミシン業界など、さまざまな業界の成長モデルが欧米と一緒かというと、答えはノーです。私は一九八〇年に初めて中国に行ったのですが、当時は皆人民服を着ていました。それが開放化に伴い、ファッションから変革が始まり、女性は人民服を着なくなりました。以来、中国出張のたびに、人民服の変化をみてミシンの市場がどれほど拡大するかを調べていました。

日本も含めた欧米の成長パターンでいくと、家庭用ミシンから職業用ミシンへ、そして工場用ミシンというかたちで成熟していきます。ミシンは世界で利用されるグローバルな製品です。そういう成長パターンをずっとみてきたため、中国でも家庭用ミシンが普及し、その次に工業用ミシンの需要が高まるだろうと思っていたのですが、まったく違っていました。日本では母親が家庭で衣服をつくり、繕いもしてくれた時代がありましたが、中国では共働きの家庭が多いこともあってか、日本とは異なり家庭用ミシンの普及はそれほど進まず、先に工業用ミシンの需要が高まりました。工場生産の既成服が急激に普及したのです。

中国における工業用ミシンの需要は世界一で、現在は六割から七割近くの工業用ミシンが中国で稼働しています。

このように、国ごとにまったく違うかたちでマーケットが発達していきます。また、企業としての勝ちパターンがどこにでも通用するかというと、そうではありません。

やはり中国は中国、インドはインド、ロシアはロシア、ブラジルはブラジルと、それぞれに対応していかなければいけないと思っています。

――「価値を創造する」とは、技術を価値に転換することかと思います。価値創造にも世の中にはさまざまなタイプがあると思います。ブラザーの価値創造の考え方についてお聞かせください。

安井　技術はあくまでも企業内部のものであって、お客様は技術を評価するのではなく、品質や性能、機能など、いわゆる価値で評価するのです。技術は価値を生み出すためのもので、たとえばトヨタさんの「プリウス」は、いまでこそ省エネと環境問題という両面で世界的に評価されていますが、お客様はハイブリッドという技術よりも、燃費がよく二酸化炭素の排出量が少ないという性能に価値を求めているので、技術そのものを活かすのは企業内での話なのです。

ブラザーではお客様にフォーカスをあて、ソリューションを中心に製品を提供していくことが何より大切であると考え、技術本位ではない商品の価値創造を目指しています。お客様のエモーションやソリューション、ニーズやウォンツなどさまざまなものがあるのですから、技術をうまく使い、たとえ同じ素材を使っても、そのねらいを定めることによってその価値はより高まるのです。つまり「V（バリュー）＝F（ファンクション）／C（コスト）」、コストをかけてでも、ファンクションが大きければお客様は価値があると認めてくださるという、バリューエンジニアリングの考え方です。

いろいろな技術の融合によって、少々コストをかけてもお客様がそこに価値を認めて買ってくだされば、それが売上げや収益になるのです。同じ部品を組み立てているだけでは、コスト競争で負けてしまいますが、そこに創意工夫を施し、技術の結合・融合をすることにより、新しい機能や性能や品質が生まれる。それが「創造活動」であると私は定義しています。

既存の技術をただ組み合わせるだけではなく、創意工夫、熱意と努力、誠意と実行力、イノベーションを起こしていくための工夫、需要創造型や開発創造型の知恵を活かしていく。ものがお客様に届くまでのプロセスには、販売やサービスの前に流通があり、その前には生産がある。生産のなかでも、部品の調達から加工、組立てがあって、製品のライフサイクルが非常に短くなってきているなかで、設計や試作、実験をしたりする開発作業のプロセスが細かくあり、それぞれでの小さな積み重ねが全体の競争力になるのです。そこには創意工夫がなければいけません。既存の基本的な勝ちパターンで、常に同じことをやっていてはいけないということで、製造業は創造業であると考えています。

8　既存技術から他社に勝つ製品・事業を生み出す

――価値ある複合化製品をつくって世に出すとなると、多様で多数の要素技術者やマーケッターをチームとして機能させなければならないと思いますが、大きなチームを動かすときのポイント、なかでも戦略の考え方と実際の開発活動についてお聞かせください。

安井　先述のように、ＮＥＷＳ（ニューズ）とＳＥＥＤＳ（シーズ）をいかに結合・融合するかによって、お客様にとって新たな価値が生まれるかどうかが決まるので、他社より半歩先読みしたかたちでマーケットに注目し、差別化するという戦略を考えています。ブラザーの強みを出せるところに特化して、そのなかで戦略的にラインナップを構築していく。技術もマーケットも差別化もお客様へのフォーカスも、やはりブラザーという一つのアイデンティティをもったかたちのなかで進めていきます。

技術のなかでも、生産技術と、製品をつくるための要素技術や固有技術があります。生産技術のなかには、基盤技術として加工するときのプレスなどさまざまな技術があり、これらの組合せによって、少し先見性をもったアプローチをしていく。あるいは少しチャレンジングに先進的な発想をしていく。また、少し先端技術を取り入れた方法を使ってみるなどの創意工夫が必要なのです。

既存の製品がすぐに陳腐化して同じものをつくり続けることができないのは、変化に対応できていないからです。生き物がすべてそうであるように、競争社会のなかで生きているので、そこには創意があり、工夫があり、戦略もある。これはベンチャー的な発想かもしれませんが、先見性と先取性、先進性がないといけません。生まれたときも会社が大きくなるときも、そのアントレプレナーの精神を満たしているということで、ブラザーにはそういうＤＮＡがあると思っています。

よく、失敗は成功の母といいますが、私は失敗という結果だけではなく、プロセスをみて、たとえばその人がどういう努力をしているか、情熱をもってやっているのかをみています。結果的に失敗に終わっても、それは個人の失敗ではありません。ものづくりは非常にプロセスの長い活動なので、その時々によってその人の責任ではない部分が大きく入っているのです。

また、現場を大切にするのは私の信条です。たとえばサービスの現場や販売の現場をみると、とても情報量が多いことに気づくはずです。最近はよく成果主義といわれますが、成果や数字だけで判断するのではなく、そのプロセスのなかにどんな三意（創意・熱意・誠意）があるかをみるということです。

以前はよく５Ｗ１Ｈといわれましたが、What to do、「何を」ということが大変重要だと思います。「何を」と決めたときには、「いつまでに」という時間的な軸、Whenが必要で、WhenとWhatをあわせて決めていかなければなりません。これらは「21世紀委員会」で議論を重ねていた当時、痛切に思ったことです。特に通信の分野では競争環境の変化が非常に激しいので、期限を決めておかないといけません。

何をつくるか＝Whatを決めてからは、具体的に製品というかたちに落とし込み、ビジョンや戦略を決めていきます。あるときは他の事業をやめるという捨てる勇気も必要です。つまり、What to doを決める勇気をもって、それから戦略やビジョンを決め、それを計画に落とし込んでいく。How to doも重要です。いかになすべきかを考え、計画を立案する。計画には、人、物、金、情報、ブランドなどのファクターがありますので、本気で立てないと、絵にかいた餅になる可能性が高いですね。

組織においては、自分がなぜそれをしなければいけないのか、なぜ計画を遂行しなければいけないのかを納得して、自分の働きがいにまで落とし込んでいくと、その集団の意識は非常に高まります。やる気次第で成果がまったく違ってくるということは、あらゆる開発の場面で経験してきました。

Why＝なぜやるのかを現場で話し合う。重要なプロジェクトであれば私も現場に行って、なぜこの仕事が重要なのか、といった背景を話しました。実際に具体的な製品、あるいは事業を展開していくときには、なぜなのかを納得して、気力、士気が高まった状況でないといけません。

仕事をするのは人間ですから、論理的に理屈を話してもなかなか燃える集団はできません。時には感性や情熱に訴えることも必要です。その際、危機感を共有することも大切です。私は、ファックス事業が撤退の危機に陥り、事業を再編する際、従業員の不安を和らげ、士気を高めるために、ファックス事業継続の大号令をかけ、もう一度成功に向けてチャレンジするチャンスを与えました。そして、ファックス事業と同じように、新しい商品として大きな期待を寄せていたにもかかわらず失敗に終わったカラーコピー事業からの撤退を決め、人員や資金をファックス事業へ回すなど、選択と集中を行いました。さらに、画像システム事業部という新しい組織を立ち上げることで、ファックス事業やスタッフを囲ってやるのもリーダーの重要な役割でした。また、成功のための具体的な目標を示し、企画、開発、製造、販売など、それぞれのスタッフが心を一つにして、目標に対してベクトルをあわせて邁進できるよう環境を整えました。

9 燃える集団づくり

安井　やめることにも勇気がいるし、任せることにも勇気がいるのですが、生きがいをもって仕事に携わってもらうためには、計画を立てたからこれをやる、というような理詰めではなく、気持ちを大切にし納得してもらう必要があります。ドットプリンタの事業化の際にも、製品の優位性、市場展望などを説明し、協力を得るための努力をしました。

また、チームを編成する際には人の組合せが大事で、熱心な影響力のある人材を中心にしてチームを編成しても、燃える条件が整わないと発火しないし、燃え続けません。石炭のようにじわじわ燃えてエネルギーを出す者もいれば、ガソリンのようにパッと爆発的に燃えてしまう者もいます。したがって、ベテランと若手を組み合わせたり、まったく違うジャンルのメンバーを組み合わせたりして、燃え続けさせるような工夫が必要です。長期のプロジェクトの場合には、ずっと燃え続けるように、人材の構成を考えることも非常に大切なのです。

お金や設備は酸素の供給と一緒で、与えすぎてしまっても高いコストがかかるだけなので、そこは配分が必要です。一方で研究開発の設備や生産設備は、環境を整えて新しくステップアップしたり、新しいものを生み出していくために必要ですから、投資が必要です。プロジェクトが生きがいや働きがいになる、というのが理想ですが、それはとてもむずかしい。でも一つの集団が燃えてくると周りも活性化してきて、会社全体が燃えてくるものです。

燃える集団づくりにおいては、「これは私の発明だ」「これは自分の特許だ」という〝自分〟が前面に出たときに、思わぬ力を発揮することがあります。ですから、技術者のプライドを上手に利用し、すべて上からの命令ではなく、そのプロジェクトにかかわった人たちがうまく力を発揮できるように囲ったりサポートしたり、製品を生み出していけるようにしなければなりません。

誰もが戦略を考えればいいというものでもありません。逆に、組織のリーダーがすべて自分でやってしまっても、全体像を見失ってしまうことになりかねません。組織が小さければ一人でトップとマネジャー、社員の三役をして、すべて自分で完結することもできますが、大勢の場合はそれぞれに役割分担があるのです。そこでは、お互いにコミュニケーションをとることが大切で、私は開発部長時代も課長時代も〝ノミニケーション〟といった、仕事を離れた場でのコミュニケーションで心を通わせるよう努力しました。また、エンジニアの採用活動では、いろいろな学校に自ら出向いて、ほしい人材にアプローチしたこともあります。実際に自ら行動するということが非常に大切です。そこでもやはり気力は必要で、いくら知力や体力があっても、気力が失せてしまってはいけません。その意志をもち続ければ、運も呼び寄せられるのではないかとさえ思います。

歴史に学ぶ構造改革

～自らの使命を自ら任ず～

（二〇〇七年三月インタビュー）

【山本　一元氏　略歴】

一九三三年（昭和八年）七月二二日山口県生まれ。一九五七年（昭和三二年）、旭化成工業株式会社（現・旭化成株式会社）入社。化薬事業部・住宅事業部に所属し、住宅事業部長、常務、専務、副社長を歴任され、一九九六年（平成八年）社長に就任。二〇〇三年（平成一五年）より常任相談役を務められている。

山本氏は社長時代、強い使命感から「心を鬼にして」、二二〇の事業整理を伴うISHIN2000改革を主導され、構造改革を成し遂げられた。

創業者である野口遵《したがう》氏が電力・化学セットのコンビナートを創生された第一の分岐点、第五代社長である宮崎輝氏が多角化へ挑戦された第二の分岐点、そして山本氏ご自身がグローバリゼーションに対応するため経営の転換を行われた第三の分岐点という旭化成の歩んできた歴史、その過程で受け継がれてきたもの、また真のリーダーにふさわしい人物像について聞いた。

山本氏は、「リーダーは自分が支配している共同体のためには死ななければいけない」とお話しになった。野口氏や宮崎氏から脈々と受け継がれてきた無私の心と使命感から、山本氏は自ら「壊し屋」として経営にあたられたのであろう。

1　歴史的分岐点について
――はじめに、御社の歴史的分岐点となった出来事をお聞かせください。

山本　第一の分岐点は、曽木電気㈱を設立した創業者野口遵さんが、この電力を利用し、電力・化学セットのコンビナートを創生したことだと思います。水俣での石灰窒素肥料、延岡でのカザレー法アンモニア製造に加え、朝鮮においても、鴨緑江支流の発電所で電源を確保し、アメリカのＴＶＡ（Tennessee Valley Authority）にも比肩されうる電力・化学コンビナートを構築しました。このコンビナートの完成により、日本窒素肥料は化学肥料会社から総合化学会社に飛躍するとともに、「日窒コンツェルン」といわれる日本窒素系企業集団を形成しました（注1）。

第二の分岐点は、一九六一年から一九九二年までの宮崎輝さんによる多角化への飽くなき挑戦だと思います。衣・食・住の総合化学企業として、三種の新規事業（合成ゴム・ナイロン・建材）から、石油化学、食品、住宅・建材、医薬・医療、エレクトロニクス、ウラン濃縮等多角化を推進し、高度経済成長の上潮ムードに乗って収益を拡大しました。

第三の分岐点は、グローバリゼーションへの対応だと思います。パラダイムが変わり、過去の高度成長期の成功体験がまったく通用しなくなりました。諸外国が、世界第二位の経済大国の責務を日本へ要求してきた結果、産業保護政策がとれず、新興国も参入した市場経済が世界に拡散し、競争のルールが激変しました。経営の転換を迫られ、旭化成も多角化を修正し、リストラクチャリングを断行して国際的競争で勝てる事業の育成・拡大を図る経営の転換を行いました。

2　創業者　野口遵氏について

――渋沢栄一氏は『論語と算盤』を記していますが、野口遵氏は「無私の心」という論語と算盤を備えた「企業家精神」をおもちだったと想像します。野口遵氏の無私の心と企業家精神についてお聞かせください。また、その企業家精神のなかで、御社に受け継がれてきたものは何でしょうか。

山本　野口さんの精神というのは、旭化成のなかで受け継いでいくべきですね。野口さんの事業は、一九〇八年に石灰窒素のカーバイド工場が水俣から始まり、延岡でカザレー法アンモニアの工場が動き出すのが一九二三年ですから、発電所の建設のためか、かなり延岡が遅い。また、大陸に夢を描いて北朝鮮に興南工場をつくります。それがまた桁はずれで、黄海に注ぐ鴨緑江の支流を三つせき止め、日本海側に水を逆流させ、当時、一二カ所の発電所により八七万キロワットという電気を起こすのです。

野口さんのやり方をみていますと、延岡も水俣も同様ですが、電力・化学がセットのコンビナートという独特のビジネスモデルを次から次へと展開していくのです。かつて野口さんと接触していた人に聞くと、「日本には資源がない。しかし、空気と水と海水はある。だからそれを活かさないと日本の前途はない」と考えていたようです。それにしてはスケールの大きなことをした人だと思います。

不幸なことに日窒コンツェルンは、敗戦で、主力の興南工場が北朝鮮に接収され、さらに戦後、日窒コンツェルンは解体され、一九四六年に旭化成工業株式会社として窒素株式会社から独立するのです。

したがって、一九四六年時点での旭化成は、苛性ソーダ、火薬、レーヨン、ベンベルグ等の事業で再出発したのです。火薬事業は、一九三〇年に延岡で始まり、レーヨンは、一九二四年に滋賀県の膳所で生産を始め、一九三三年に延岡に移設しました。ベンベルグの生産開始は一九三一年です。

創業者野口遵から学ぶべきことは、ゼロからスタートする「創魂の精神」、時流を読み取る「卓越した洞察力」、国民の生活を豊かにする「明快な理念」、優れた人の能力をフルに活用する「自由な社風醸成」があげられます。一見、奇想天外と思われる事業も、すべて計算ができているのです。鴨緑江の支流をせき止めるにしても、森田一雄と日本工営の久保田豊が綿密に検討した提案を慎重に考え、「よし、いこう」と決断するのです。まさに、チャレンジするトップリーダーの器です。


——いまお名前が出た森田一雄さんは、東京帝国大学電気工学科の同級生ですね。

山本　はい。卒業は一八九六年だったでしょうか。工部大学校を東京帝国大学に吸収して、工学部をつくったのが一八八六年、スコットランド人のヘンリー・ダイアーを招聘していますが、彼の教育方針は、理論と実践を両立させる教育で、工業の振興に資する実学を重視したと聞いています。まだ、この精神が生きていたようですね。

――卒業生は確か、写真を拝見しますとわずか十数名だったとか。

山本 初期の工学部から、高峰譲吉（タカジアスターゼの発明者）、下瀬雅允（下瀬火薬の開発者）、山下りん（洋画家）、岩垂邦彦（日本電気創業者）、辰野金吾（東京駅の設計者）など、すごい人材が輩出されています。素晴らしい教育をされたのでしょう。工学部に行った初期の人たちの多くは、士族だったようです。時代が変わり、武士も何か生産的な役に立ちたいという熱い気持ちをもっていたのでしょう。日本初の工学部は、サムライ・マインドを残し、ヘンリー・ダイアーの教育もよかった。この時代には、クラークやベルツも素晴らしい人材を育てている。卓越した教師に育てられた人材が明治維新、新しい日本をつくったのです。

開拓者精神があった野口さんですが、個人の思想や信条に必ずしもとらわれず、国家や民族を超えて協力し繁栄しなければならないという、柔軟でグローバルな考えをもっていました。ジーメンス（現・シーメンス社）の影響を受けているのかもしれませんが、スケールが違います。

また、延岡でのカザレー法アンモニアプラントの建設でも、鉄道の敷設も計算に入っていたのではないでしょうか。鉄道がないと重いプラントを運ぶことは並大抵のことではなかったのです。また、硫安の価格も五倍にも暴騰する。これも織り込みずみだったようです。先を読む経済の眼も鋭い。

病に倒れたとき、私財三〇〇〇万円のうち、財団法人野口研究所に二五〇〇万、朝鮮総督府に五〇〇万を寄附し、朝鮮奨学会をつくりました。朝鮮奨学会は南北同数の理事で構成されていました。このように、「私」がない方でした。朝鮮に残してきた興南工場の資産をGHQが一九四五年に試算していますが、それが当時のお金で四六〇数億円です。現在で換算すると約八兆円ということです。

日窒も旭化成も、ゼロどころではなく、戦後は解体され、マイナスからスタートしました。興南工場から引き揚げられた方たちの話を聞くと、日本窒素と旭化成に復帰されたそうですが、積水化学をおつくりになった上野さんたちは、いちばん遅れて引き揚げられたのですが、ポストがないし、会社のなかも混乱している。上野さんと七人の方たちが、「将来はプラスチックの時代になる」と積水化学を設立された。まさに、野口さんの企業家精神の継承です。

プラスチックの家をつくることが上野さんの夢で、積水化学のなかで住宅事業を始められた。後に、田鍋さんたちは鉄骨・パネル住宅を開発して、積水ハウスを創設する。したがって、旭化成、積水ハウス、積水化学の三社は、ルーツは同じ日窒グループなのです。野口さんのパイオニアスピリッツのDNAが残っているのでしょうか。私も住宅事業には一九年ほど携わりましたが、お陰で田鍋さんからは温かい指導を賜りました。

――建材事業は軽量気泡コンクリートの一九六一年のソ連からの技術導入で始められ、一九六六年にはドイツのへーベル社からの技術導入で様変わりされ、霞が関ビルや東名高速にも使われたそうですね。その後、ALCパネルやパイルへと展開されていますが、一九七二年に販売開始されたへーベルハウスによる住宅事業との関係をお話しいただけませんでしょうか。

山本 建材は景気変動に左右されます。だから、需要を安定するために住宅の用途を開発しようと、建材事業部の片隅で吉田という技術者(一級建築士)が研究を始めました。そしてALC(軽量気泡コンクリート、「へーベル™」は旭化成の製品名)を使う住宅の開発に成功しました。一九六〇年末頃から経済成長とともに住宅ブームが起こり、「私の会社は住宅に進出する」といえば株が上がった時代です。旭化成は最後発の進出ですから、へーベルの特徴をフルに活かした差別化戦略をとり、鉄骨・へーベルパネル住宅を完成して、一九七二年、住宅事業に打って出ました。

――「パネル工法」のようなものですか。

山本 床・壁・屋根にすべてへーベルを使うという住宅です。パネル工法的ですが、耐震性や耐久性等の強度を安定に確保するため、柱や梁などの主要構造は鉄骨とし、防火、断熱、遮音性能はへーベルでもたせるという住宅です。だから、床・壁・屋根をすべてへーベルですっぽり包む、簡易耐火構造の住宅でスタートしたのです。

――少々昔に戻りますが、社史を拝見しますと、一九〇六年に曽木電気を設立され、鹿児島県の曽木滝を利用した水力発電所を建設されています。それが延岡や水俣の源流になっていると想像します。そうした創業から、繊維や先ほどの建材・住宅、そして食品に展開されてきた旭化成の理念といいますか、哲学についてお聞かせください。

山本　曽木電気を始め、発電所をつくって一九〇八年にはその電力とカーバイドを原料として日本窒素肥料を起こし、肥料をつくる。そのカーバイドガスから耐火煉瓦の原料、マグネシアクリンカーをつくる。これが新日本化学です。

野口さんの時代にはまず食糧増産でした。そのために肥料です。そして、腹が満ち足りてくれば今度は着物がほしくなる。それで衣料です。このように時代の要請に応えて事業を展開している。衣・食足りれば次は住まいを求めます。そして、国民生活を豊かにするためにと一九三三年にベンベルグを合併したときのあの演説になるのです（注2）。野口さんの時代には、電力からつくったわけですから、原料も自給しなくてはならず、また、これを有効に活用することが企業が収益をあげるキーポイントでした。

アンモニアを活用したベンベルグ、火薬もそうですし、レーヨンをつくるための苛性ソーダを生産する。塩素も出てくるので、これを利用して「旭味」（調味料）をつくり、さらに塩素を使うサランラップへと連なっているのです。

二一世紀になって時代も変わり、もう繊維の時代ではない、原料一貫体制でもない。新興国でできるものでは生きていけない。野口イズムをしっかりと受け継ぎ、旭化成グループがどのようなものをつくって世の中に貢献していくかという理念を明快にしておく必要がありました。二〇〇一年一月一日に、旭化成グループ経営理念『私たち旭化成グループは、科学と英知による絶えざる革新で、人びとの「いのち」と「くらし」に貢献します』を打ち出しました。野口さんが求めたモノではなく、求めたトコロ（精神）を受け継いでいかなくてはなりません。

3　多角化の成功要因

――御社が多角化、しかもそのなかではナフサ以降の化学の連産品を活かした多角化や建材・住宅といった技術的には飛び地の多角化事業もございます。延長上あるいは飛び地もあわせて成功された要因は何であるとお考えでしょうか。そして次の時代を見通されると、どのような課題があって、その課題の先にどのような未来を拓いていこうとなさっているのでしょうか。

山本　時代的背景と化学工業の特性で論ずる必要があると思います。歴史の変換点という点では、多角化への飽くなき挑戦を行ったのは宮崎輝さんです。野口さんが興南工場や延岡、その他でいろいろな事業を始めたのも、みな多角化なのです。

あの時代、いまもそうですが、化学工業というのは生産過程で自然界にないものを副生します。こうした副生物を、いかに有効に外に捨てないように使うかがコストの決め手なのです。だから「ダボハゼ経営」「芋づる経営」などといわれてきましたが、芋のつるが伸びるように次から次へ展開していく宿命があり、事業が拡散しがちです。

これから取り組むべき問題となりますと、競争力を強化する意味でも、コンビナートのなかで、各社が「俺が、俺が」といわないで、一緒になって各社の特徴を活かして生産を分担する必要があります。おそらく将来は、コンビナートごとにリファイナリー（石油精製）も統合して石油化学の基礎原料をつくることになろうかと思います。

というのは、化学工業のいまの原料のナフサは石油精製してはじめて出てくるものなのです。外国の基礎原料を生産する企業は、ほとんど油田をもっているうえ、規模が格段に違います。そんな連中と戦って、日本は勝てるわけがありません。だからといって日本が全部外国に原料を依存するわけにはいきません。私は、石油化学コンビナートは、日本にはせいぜい三つか四つくらいあればいいのではないかと思っています。そして、そこでは一体運営をするのです。水島などでは海底のトンネルを利用して、留分をお互いに融通し合い、特徴のあるものだけを製造する。電力、蒸気などのユーティリティもできるだけ融通し合うようにする。

「ＲＩＮＧⅢ」という計画が進められていますが、これは一挙には進まないと思いますが、一〇年ぐらいかけて競争力のあるコンビナートに変えていかないと、世界の企業と戦い各社が付加価値の高い特殊なものを生み出すようにはならないのではないでしょうか。

付加価値の高い特殊品だけで生きられるわけではありません。インフラのコストを負担してくれる汎用品がどうしても必要なのです。野口さんも宮崎さんも多角化路線をとった一つの大きな理由は、時代背景とともにこのような化学工業のもつ特性があったのです。

私が社長のときは、コングロマリット・ディスカウントと評されて多角化の人気のない時代でした（注3）。社長就任時に「選択と集中」といった途端に「何の事業を捨てるのか」とマスコミやアナリストの方々から質問を浴びました。「多角化は捨てないが、中味は見直す。収益のあがらないものは捨てて、併行してよい事業への集中を行う」と申し上げました。これからも何を捨てるかの決断が大切になります。

宮崎さんは一九六一年に社長に就任し、約三一年間トップを続けました。旭化成の事業構造を変えないと生き残れない、といちばん熱心に考えていた経営者ではなかったかと思います。

――宮崎さんがお亡くなりになる二日前に、これからの事業構造のお話を直接お聞きになったと伺っていますが。

山本　はい。宮崎さんに「三〇分だけ、おまえ来い」といわれ、そのときの最初の質問は「イオン交換膜は、どこまで中国などに出してもいいのか」でした。旭化成独自の技術でしたが、赤字が継続していることを気にされていました。いちばんの関心事は、ＬＳＩと医薬のことでした。この二つの事業をどうしたらいいかという話だったのです。以前から「おれはＬＳＩを勉強するために高校の物理の教科書を読んでいる」といっておられましたが、「高校の物理の教科書では、ＬＳＩは動きません」と申し上げたら、「おまえ、勉強してるか」と怒られてしまいました。「勉強しろ」というわけです。

ＬＳＩや医薬事業は専門性が高く、なかなかわかりにくい。それだけに、トップリーダーを誰にするかということも悩んでいました。私が勉強しても専門性の高いものはわからない。向学心があり、新しいものに対してチャレンジしていくような人でないといけない。しかも部門のトップリーダーは、自社のもつ強みや弱みを客観的に評価し、判断を求める者でないと、他の分野の役員にはわかりませんから非常に危険だと申し上げました。部門のトップリーダーが正直に報告をする人でないと、たしかにこの事業は大変になるなとおっしゃり、「おまえも市場や経営の勉強をしろ」といわれ、三時間の質問は終わりましたが、これが最後のお別れになってしまいました。

宮崎さんがとった一九六一年頃からの一貫体制は、あの時代では間違いではないのです。当時の役員の方から聞いた話なのですが、原料さえあれば、ものがつくれて売れる時代がありました。需要過多の時代です。消費がとても旺盛だったのです。

一〇〇円札をボストンバッグに詰めて「石炭をください。現金をもってきました」と若松まで石炭の買い出しに行くこともあったようです。先輩諸子は大変な苦労をされたものだとつくづく感心しました。

それでも戦後の日本は、二三〇〇万トン程度の石炭しか産出していなかったなかの九〇〇万トンぐらいを産業用に向けてまず産業を復興させ、国民生活が少々犠牲になっていたようです。

――そんな時代があったのですか。

山本　その時代は、やはり原料から一貫してもたないと生産できなかったのです。インフラが整備されていないわけですから。だから、野口さんが延岡、興南に出て行ったときには、病院からショッピングセンター、学校、幼稚園まで全部つくっているのです。何もないわけですからね。

――鴨緑江興南地区（興南は現在の咸興市の南側）にもつくられたのですか。

山本　そうです。だから、いまの経営者と違って、工場長は村長《むらおさ》でした。一つの大きなコミュニティの頂点なのです。ごく最近までその風習が残っていまして、延岡に会社のショッピングセンターがあって、皆は供給所といっていました。ものを供給するところだと。いまはスーパーなどもできたので供給所へ買いに行く人はいなくなり、供給所も全部なくなりましたが、そういう時代もあったのですね。

歴史的にみても、フォード・モーターなどは、鋼板を自製していました。自動車をつくろうにも良質の鉄板がないのです。だから、フォードは製鋼所までもっていたのです。日本はそうではなく、やはり「鉄は国家なり」ということで、国が鉄鋼産業を育成していました。造船が強かったのも、優れた造船用鋼板と加工溶接術があったためです。日本で自動車産業が発展したのも、高強度の薄延鋼板が貢献しています。原子炉用鋼材やケイ素鋼板も素晴らしい。省エネ技術も桁違いに日本の鉄鋼産業は強いですよね。また、メッキ技術は中小企業が支えていて、技術を融合させて、鋼板をつくりだしているのです。

しかし、化学は原料を一貫してもっていないと、需要があっても、ものをつくれなかったわけで、宮崎さんは原料一貫体制を進めていくのです。最終製品をつくって市場をつくり、原料に還るという方法でした。アクリル繊維をつくってAN（アクリルニトリル）を始める。ポリスチレンを先につくってスチレンモノマーをつくる。石油化学に進出したのは、素材からの一貫を目指す宮崎さんの悲願だったと思われます。そして、一九七三年に水島コンビナートが完成しました（注4）。

——つくったとたんにオイルショックですね（注5）。

山本　社運を懸けてコンビナートを完成させた途端に、石油化学は構造不況になった。生まれて間もない産業だったため、政府に保護政策を要請したのです。その是非は歴史が証明するでしょうが、それがために日本石油化学産業が弱くなったという人もいます。しかし、下手したら全部潰れていたかもしれない。これはいろいろな考え方があるのですね。

――旭化成さんが石化事業に乗り出された頃は、いまでいうと三菱化学さんもすでに始まっていたのですか。後発だったという話ですが。そして石化事業以降の多角化を進められてきたなかで、何度か見直された時期もおありだったと想像します。「多角化は捨てない」とおっしゃっていましたが、「捨てないで見直す」とはいったいどういうことなのかご教示願えませんでしょうか。

山本 後発ですよ。当時、通産省は、三菱、旭が同時にナフサクラッカーをつくったら供給過剰になると考えました。先に三菱の用地に二社共同でナフサクラッカーをつくって、次いで旭の用地にもう一本共同でつくり、二本できたところで分割し、それぞれがクラッカーをもつことになりました。宮崎さんの執念により実現したのですが、高度経済成長時代だから可能だったともいえます。

それがまた、歴史は繰り返すのでしょうか、世界と競争するためには、リファイナリーまで加えてコンビナートを考えなければいけない時代になっているようです。

その宮崎さんの多角化は、ナイロン、合成ゴム、建材という三種の新規事業から始まるのですが、次から次へといろいろな技術を導入し、多角化を広げて石油化学まで行き着きました。衣・食・住の総合化学企業を合言葉に、宮崎さんはこのように旭化成を延岡の田舎会社から全国区に引き上げました。時代は大きく変わり、繊維や石油化学では将来生きられないと感じ、新規事業に挑戦していくのです。

旭化成の変遷をみると、事業構造は黙っていても変わっているのですが、宮崎さんが社長に就任して多角化が加速し、七〇％近くあった繊維の比率がどんどん落ちていき、現在は七％程度しかない。このように変わっているのです。

オイルショック以降、NIES、ASEANの台頭で古い事業の収益が大幅に低迷し始めていました。エズラ・ヴォーゲルが『ジャパン・アズ・ナンバーワン』を出版したのが一九七九年ですが、このときが日本の成長のピークでした。宮崎さんは一九八二年に構造改革NACプロジェクトを始めますが、二〇〇億円強という赤字事業を退治し、新しい事業を導入して構造改革を断行する。旭ダウの合併、新日本化学を傘下に入れる。東洋醸造を合併し、医薬、酒類事業を手に入れる。旭フーズを設立、内外食品を買収する。LSI、二次電池、カーボンファイバー、光ディスク等の飛び地の先端事業に着手する。ウラン濃縮、ポリプロピレン事業も始めました。赤字退治のNACでしたが、新規事業が一挙に増えて、しかもこれが巨額の赤字を生んでいく。とうとうISHINの改革で痛みを伴う整理をする羽目になりました。

縮小均衡では、旭化成の将来がないので、本当に強い事業を拡大していったのです。競争力のある事業はすべて化学技術がコアになっているものでした。世界で戦える膜事業は、ポリマーと繊維の技術が新しい技術のプラットフォームをつくり、バッテリー・セパレーター、水処理膜へと展開する。生体反応を研究して血液フィルターとして医療の領域に出ていきます。いろいろなルート、チャンネルが生きて、まさに多角化のシナジーが発揮されます。血液フィルターは圧倒的なシェアをもっています。血液製剤をつくるのにウイルス除去フィルターのプラノバをはじめ、独自の製品も次々開発しています。センサーや電子材料のなかでも、ケミカルをベースにしたものは強い。環境技術としては、イオン交換膜、水処理膜などを中心に展開していきました。

宮崎さんは、石油化学を軸に多角化してこられた。化学だけではなく「将来、新素材、エレクトロニクス、エネルギーだ」といってむずかしい新規事業に果敢に挑戦しました。

後半の宮崎さんの超多角化は、二〇世紀の化学のビジネスモデルとはまったく違う。LSIなどは数千億円の金を投下しなければならないし、革新のスピードが速い。また、ウラン濃縮などのエネルギー事業は、一民間がやる事業ではなく、ナショナルプロジェクトなのです。宮崎さんがおやりになったものでも、きちんと整理しなければならないのです。人材、資金もありませんでした。LSIにしてもバイオにしても、巨額の資金と専門性の高い人材が必要ですし、そう簡単に数年でものになる事業ではない。そして、バイオになると文化も絡んできますから。たとえば、バイオでつくられた食物を食べない方がいます。

数十年かけて交配させていたものを、いまでは遺伝子操作で二～三年で新品種に改良する。すでに、米、じゃがいも、とうもろこし、大豆を遺伝子操作して、栄養分まで変えている。しかし、事業としては一挙に拡大するわけではありません。

地球温暖化対策として、バイオエタノールも脚光を浴びていますが、世界のエネルギーは賄えない。あまり性急な期待をすることは間違いです。

――と、おっしゃいますと。

山本　バイオは自然の生命の扉を開こうという挑戦とも思えますので、自然科学で解決する世界とは異なり、人々のコンセンサスを求めながら時間をかけて、謙虚にやるべき課題ではないでしょうか。学者や評論家の方たちがいわれるようにはいかないと思います。

4　歴史にみる事業創造について

――これまでの多角化は特殊化した多くの核をもった多核化なのかなと思いました。ご著書『道に迷えば歴史に問え』のなかには随所に経営のヒントが出てきます。歴史にみる改革についてお聞かせください。

山本　宮崎さん時代、飛び地事業が多かったので、私が社長のときには一切禁止したのです。私は、改革というのは三代かかると思っています。徳川が天下をとったときも、まず信長が叡山の焼き討ちなど荒っぽいことをやり、古い仕組みや既得権を徹底的にぶち壊したのです。第二代の秀吉が一応全国を平定しますが、晩年、朝鮮出兵に狂い、私利私欲に溺れて滅びる。結果的に家

康が天下を統一し、二六〇年の平和を築く。三代かかっています。
旭化成の改革も、向かうべき方向を定め、古い事業や仕組みを思い切って壊しておかないと新しいものが出てこない。化学工業では、種を蒔いて果実を獲るまで一〇年以上もかかります。壊して種を蒔く人と、育てて果実を得る人は変わったほうがよい。次の世代は、意志を受けて大きく樹木を育てていく役割を担う。また次の世代が大きい果実を得て利益が出れば、新しい未来に向けてポートフォリオを大胆に組み替えて、企業価値の向上に果敢に挑戦を始めるリーダーが出てくるのです。歴史の改革をみていても、明治維新の改革も大体そうです。信長をもうちょっと生かしておくと、どんなことをやっただろうと思うのも歴史の楽しさです。何といっても信長はすごいと思います。彼は鉄甲船をつくりました

が、鉄甲船が広く世界にお目見えするのはトラファルガーの戦いです。鉄甲船をつくるには、鉱山の開発や鋳造技術が必要です。日本では刀鍛冶を使って圧延技術を開発したのですね（注6）。

――鉄甲船は、信長が伊勢の九鬼氏に命じてつくらせ、船に搭載した大砲の製造に国友村も参加したのですね。国友藤二郎は国友村の鍛冶屋のリーダーですね。

山本　そうです。国友村、近江ですかね。圧延鋼を船にする技術が要るのです。サプライチェーンを全部整備しておかなければ船はできないのです。

――加えて、大砲もつくっています。船から毛利水軍を撃つための大砲もつくっていますので火薬は要りますね。当時、腕の立つ鍛冶屋で大砲まで製造できるのは国友村には七人いたと山岡荘八の『織田信長』には出てきます。

山本　火薬はとても高かったのです。火薬は要るわ、弾丸は要るわ。高度な技術も必要だった。だから当時、外国の宣教者あたりが、「めちゃくちゃにされるから日本には近寄るな」といっているのです。やがてインドまでこの船で攻めていくのではないか、という手紙を、本国に送っています。

――毛利水軍八〇〇隻をたった六隻で壊滅させてしまったのですから。一隻当り大砲は三門搭載していたようです。

山本　その前に一度全部、村上水軍に燃やされています。その失敗を検証して、今度はそんな船にすれば絶対勝てる。そうしてつくられた船はスピードは出なかったけれども、大阪湾を制圧し、石山本願寺の息の根を止めますね。サプライチェーンを整備したのが立派です。

しかも彼は関所を撤廃し、人や商品の流通を促進、商業を興隆させるのですが、クビになった関所の役人をサラリーマンに変えていくのです。徴税係にしたり、人口調査員にしたり、いまでいう市役所の役人に替えて有効活用したのです。天才ですね。

――堺も当初は町衆から選ばれた代官を置いていましたが、結局、信長が堺に矢銭二万貫を課した頃から今井宗久が堺をまとめます。鉄砲生産と茶の湯御政道の面で支えていきます。それまで以上に、堺の鉄砲は国友と並んで信長の軍事力のサプライチェーンの一翼を担うようになりますね。

山本　あの時代は天下布武ですね。武をもって統制する。これは正しいと思います。戦乱の名残があり、柔なことをしていたら、めちゃくちゃにされかねませんから。貨幣経済に移って、明の貨幣を機軸に交換比率を決めているのです。農本主義からの脱皮です。

信長は長篠の戦いの武田との決戦の前に、鉄砲の量産体制を整えているのです。すでに三〇〇〇挺もっていたとあります。調達も大変です。しかし、剣術の達人は養成に時間がかかるし、人数を確保するのもむずかしい。その点、鉄砲なら少し訓練すれば誰にでも撃てますよね。彼は一〇〇〇年に一人の天才だと思います。

――惜しいことをしましたね。あの先、どこまで信長は経営のイノベーションを行ったのだろうと。

山本　国替えというのを後でやるのですが、秀吉、明智光秀などに能力があるとみたら積極的に活用していく。学歴無用論ですね。一方で、一所懸命が嫌いなのです。一つの所で懸命に頑張るというのは馬鹿らしいと考え、適材適所、エリートには転勤を命じています。土地には執着せず、堺などの支配権をとります。どうやってあのような人間が出てくるのかわかりませんね。

――安土に引っ越してこなかった、尾張に家を置いたままだった自分の部下の家を丸ごと焼いてしまいましたね。

山本　そうですね。それから、もう一つ、茶の湯御政道というのは、町人などにとてもお金を使わせる道ですよね。茶室から、着物、茶道具、生け花、掛軸等々を考えてみると、あの当時の経済の波及効果というのはすごかったのではないでしょうか。

――どちらかというと、産業を起こした功績のほうが大きいかもしれないですね。

山本　ものすごい産業を起こしたのです。また、恩賞を与えるために名器狩りをします。「信長様がお使いになった名器」といったら付加価値が跳ね上がる。ブランド戦略そのものですね。

――忍者あがりの滝川一益が上野《こうずけ》より茶わんのほうがよかったなどと（注7）。

山本　それから、天下一を奨励する。あれは発明奨励ですね。

――天下一の、ある種お墨付きというか、ブランドというか。おもしろい人ですね。そういう意味では、私は実は、先程おっしゃった三代かかるというのは、家康が竹千代の頃から交わりがあったわけだし、この三人に関してはまったく同感です。

山本　明治維新だって吉田松陰が門下生を啓発するわけです。松下村塾で育った高杉晋作などが旧体制と既得権を徹底的に壊したのです。龍馬のような卓抜した仲介人もいましたが、幕藩体制を徹底的に破壊した後、西郷・勝で江戸城を明け渡し、政権交代を果たす。その後、伊藤博文や大久保、山県、桂の代に維新がようやく完成するのです。やはり、歴史的にみても改革というのは、三代かかります。フランス革命も大体そうです。壊した後に自由・平等・博愛などのコンセプトも出てきました。自由になれば平等になるわけはないのですが、インターフェースに博愛という慈愛の精神を加えたのです。知恵者がいたのですね。

――なるほど。現在のフランス国旗の三色はそうですし、国歌もフランス革命時の「ラ・マルセイーズ」ですね。フランスは何度も王政と共和政を行き来していますが、ルイ一六世処刑までが壊しの時代、ロベスピエール処刑までが王政を壊し共和政が始まった時代、ナポレオンの時代と短くみた場合でも三代要しています。信長も維新もフランス革命も、壊して、再編して、軌道に乗るという三代があるということですね。

山本　いま、世の中が変わってきています。旭化成もそうですが、一度壊して、検証して、エネルギーを貯めて次のステップに乗り出すというのは、次期社長に果敢にやってもらわなければならない。

私は壊し屋ですから。壊すだけでは縮小均衡で、経営としてはおもしろくありません。すでに強い事業を積極的に拡大し、周辺事業でよさそうなものを選んで植樹して、次世代に送ったわけです。

5　住宅事業の成功について

――住宅事業における御社の成功と失敗についてお聞かせください。

山本　住宅事業は創業期に二度にわたる失敗をしていますが、その失敗を検証し、ビジネスモデルの大転換を行い、シェアを追わず、ニッチ戦略を採択し、身の丈に合った仕組みを構築したこと。加えて、若い集団の住宅にかける情熱と献身的な努力によるところが大きいと思います。

創業期における失敗ですが、住宅事業の本質がわからず、シェアを追い過ぎたのです。当時は二〇〇万戸近くの住宅需要があり、三割のシェアをとったら六〇万戸と夢想した。旭化成は基本的なシステムと一部部材を提供し、売るのも施工するのも代理店を使い、全国に展開しようとした。これが大失敗でした。いわゆる、販売代理店システムです。いちばんキツイのは営業で、その次に工事、「それらを代理店に任せるならば住宅をやめろ」と、積水ハウスの田鍋さんからこっぴどく怒られすぐやめました。代理店のシステムをやめて、直販システムで再出発した途端にオイルショックが来て、今度は部材やものも手に入らないので施工もできない。インフレのヘッジもあって注文はとれるのですが、お客様に迷惑がかかるからと販売を差し止める勇気の要る決断を、当時の事業部長の都筑さんが下しました。英断であったと思います。

私が参加したときは、シェアは一％が目標、首都圏に絞って本格的に営業を始めました。一九七四年四月だったと思います。当時まだ素人集団で、フリープランにすると構造の保証もできないので、お客様の要求も断り、設計士が書いたプランを変えさせず、設計図どおりで契約をしていただきました。お客様には大変なご迷惑をかけてしまいました。ドアの位置はもちろん窓一つ動かせないうえ、内装もあまり変えさせないわけですから……。よく買っていただけたなと思います。

お客様への訴求は性能だけでした。性能・機能、耐火・耐震、耐久性をアピールしました。だから、へーベルハウスは丈夫なのだけれども内装が悪いという風評が暫く続くことになりました。

――当時でしょうか、住宅のベンツといってへーベルハウスがコマーシャルをなさっていたような記憶があります。

山本　コマーシャルを打った記憶はありませんが、「ベンツを目指せ」とは宮崎語録です。住宅に関しては素人で、非常に若い集団でしたので、お客様や工事現場をグルグル回っても、徹夜しようが、お酒を飲もうが、何をしようが平気な若さと体力がありました。知識の不足は足で稼ぐ。お客様のおっしゃることをよく聞いて、少しでも希望を叶えてあげ、他社とは違う立派な住宅をつくろうと努力しました。

住宅事業も何とか軌道に乗り始めたのは一九七五年頃でしたか、田舎から両親を呼んで一緒に住むことを、非常に楽しみにしておられるお客様がかなりいらっしゃいました。ところが、住まいが完成し、両親を呼ばれた途端に、険悪な嫁姑紛争が勃発する。双方から悪口ばかり聞くのに耐えかねた若者たちが、こんな不幸な家づくりをしていいのかと涙ながらに訴えてきました。住宅をつくるのは善なる仕事だと思っていたのに、悪い仕事をしているのは残念だというのです。仲良く暮らせるような住まいを考えよう、これが二世帯住宅の始まりでした。親子分離を基本にし、晴れのときだけ一緒になる。つまり、真ん中で分割するのです。一階と二階で分け、外階段をつくるのです。

グズグズ議論を続けず、「明日からやろう」と図面を書いて、すぐに行動に移しました。「スープの冷めない距離に」と広告を打ったのが一九七五年の暮れでした。しかし、何軒か注文をいただきましたが、一向に売れないのです。「これはちょっと根が深い」と考え、専門家に参加してもらい、二世帯住宅研究所をつくりました。お茶の水女子大学の人文社会学の教授も入れ、勉強会を続けました。幸いだったのは、住居学科の学生さんが卒論のテーマとして、二世帯住宅のお客様の調査研究を始めたのですが、これが大変参考になったのです。後からお客様に、「昼間に男性社員が調査に来ても家に入れるわけにはいかないが、女子大生なら『どうぞ』となりますし、本音もいえました」といわれました。

多くのデータを集め、旭化成の研究所も交えて議論を重ね、旭リサーチセンターも加わってもらい、「二世帯住宅七つの法則」を発表し、多様な住まい方を提案し世間に受け入れられるようになったのです。NHK文化センターと二世帯住宅研究所協賛で、共同でシンポジウムをたびたび開催しました。

住宅に「住まい方」というソフトを持ち込んだことは大きな意味がありました。住宅は技術開発とともに、住まい方というソフトの開発の重要性を認識し、二世帯住宅は旭化成の強烈な差別化商品になったのです。

住宅事業は、世界の最先端のLSI、バイオ、ナノテクというものとも違って、技術的にはイノベーションの誘発要因が非常に乏しい産業です。文化的なものと歴史を背負っていますから、変革の波長が長いのです。LSIなどは、短い波長ですから、瞬間的なエネルギーの放出は大きいが、絶えず入れ替わっていく。住宅は、いままでの旭化成の事業とはビジネスモデルがまったく違い、長い波長のなかで社会科学的な要素を入れてやらなければいけないというのがようやくわかったのです。

設備投資を必要としない事業ですので、すぐ試行できるのです。幹部社員の多くは自分の家をモデル住宅として建設し、いろいろなデータを提供してもらいました。私も新商品「本棟」を開発したとき、試作一号を建設し、二年間、さまざまな計測を行いデータをとり、不備を修正して発売にこぎつけました。

ビジネスモデルがまったく違う事業ですから、独立してやるのも一つの選択だったかもしれません。

住宅が飛び地事業で成功したからといって、ＬＳＩやハイテク事業の飛び地事業で成功することはむずかしい。旭化成には技術も潤沢な資金もなかった。当時私がよくいっていたのは、ＬＳＩや医薬というのは賢者の仕事だけれども、住宅というのは愚者の仕事だと。お客様を大切にしない愚かさ、従業員を大切にしない愚かさ、協力業者を大切にしない愚かさ。この三つの愚かさを克服できればわれわれは勝てるといっていたのです。

お客様とわれわれと協力業者の三者共栄がなければこの仕事は成り立たないのです。その力をより強くするために、工務店や部材業者さんなどで「緑の会」を結成し、労災保険や相互支援の仕組みをつくりました。いまはへーベルハウスを一〇〇〇棟以上施工した「千栄会」も発足し、末長くパートナーとして志を同じくして、住まいづくりに注力する会もできています。

6　失敗と教訓について

――多くの事業のなかで、後の御社において教訓となった失敗例をお聞かせいただけないでしょうか。

山本　食品事業は失敗でした。食品のスタートは、レーヨンを膳所から延岡に移した際に、苛性ソーダが必要になったときです。塩水を電気分解すると苛性ソーダと塩素ができるのですが、塩素は当時、あまり使い道がなかったのです。塩素を有効利用するために、グルタミン酸をつくり、調味料「旭味」をつくったのです。

食品とはいっていましたが、「旭味」だけで、これは味の素さんにはブランドでまったく勝てない。

利益の多い家庭用ではまったく勝負にならず、醤油、味噌等や工業用に用途を拡大し、タイにも進出しました。食品事業は宮崎さんの掛け声もあり、ソーセージ、ハンバーグ、ピザ、グラタン、調理用の野菜などをはじめ、世界で企業買収まで進めていきましたが、すべて失敗でした。何を核にするかが不明で、コアコンピタンスもなかったのです。

「旭味」は、化学工業そのものなのですが、食品事業は、流行もあって商品の寿命も非常に短いこと、R&Dから商品化まで何年もかけてじっくり取り組む旭化成のやり方とは程遠いものです。社風に合いません。技術だけで競争に勝てる事業ではないのです。感性というか、嗜好というか、われわれにはよくわからない別の何かが働くのですね。たとえば、ラーメンだって、健康によいラーメンというとみんな飛びつきますね。旭化成には、そのようなファッションをつくりだす能力はないのです。論理的に説明をクドクドされたら食べてもおいしくないですよね。基礎技術と顧客の嗜好を埋める役割を担う人材も不足していました。だから、やめざるをえなかったのです。

7 旭化成ISHIN改革について

――「ISHIN2000（旭化成中期経営計画）」では、国際的なルールで競い、勝てる経営を目指しましたが、グローバルで生きることを意識されたのはなぜでしょうか。

山本 一九七〇年代に、NIES、ASEANが台頭し、次いで中国が市場経済へ参入します。一九九一年にはソ連が崩壊し、経済の世界に国境というカテゴリーがなくなりました。IT革命は最先端技術と最も安い賃金を結合させ、低コストで生産したものが国境を越えた市場をいとも簡単に席巻し始めました。これに伴い、一九九七年より国内法が一挙に改正に向かい始めたのです。このように、グローバリゼーションが進展し、事業環境が変化していままでのやり方では生きられなかったからです。

構造改革は、一九八二年頃から始まっていました。宮崎さんはNAC委員会をつくり、赤字事業を退治し、新規事業を育てる議論を始めました。事業の撤収や縮小は、しがらみを絶ち切ることですから反対も多い。一方、新規事業は夢があり楽しい。皆がそちらに向かい、むずかしい飛び地事業をたくさん提言したことが失敗でした。私が社長になってからはまずリストラを優先し、飛び地事業を一切認めなかったのもこんな理由からです。

しかし、縮小均衡では企業の将来はない。しかも「リストラを一生懸命やれ」といわれても、モチベーションが持続するわけがありません。将来向かう方向性が示されない限り、活力が出ない。だからこそ、リストラはできるだけ早く、一気に片付けなければなりません。長くなると、気分までおかしくなります。

――私自身も過去、二社ほど立て直しをお手伝いしたことがありますが、いずれも期間は一年弱でした。いまから振り返ると二年ですんでよかったと思います。縮小しますと、大きな取引のあったお客様にも逃げられたりするなど、いろいろなことがありました。

山本　出直せばよいのです。だから、絶対に早く終わらせるほうがよいと思います。

――ISHINの改革は、日本の歴史上に当てはめると、どの改革に位置づけられるとお考えですか。また、ISHIN改革前後で打破された旧弊、新たに再構築されたものについてお聞かせください。

山本　ＩＳＨＩＮやその後のＩＳＨＩＮ０５での改革は、明治維新をまねています。その前では、織田信長、上杉鷹山の改革が素晴らしいと思い、参考にしています。鷹山は倹約ばかりしたということが有名ですが、彼の再建手腕はとんでもないものでした。

――いまでいうと宮崎の出身ですね。

山本　高鍋。秋月藩の三万石ですから。それで、米沢藩の上杉家は一五万石でしょう。随分縮小されてね。一五万石ですけれども、吉良上野介は自分のつけをすべて息子が養子に行った米沢藩に回しています。

――吉良上野介は従三位とはいえ、四二〇〇石ですからね。

山本　上杉家は百何万石だったものが、最終的には一五万石になったのではなかったですかね。上杉鷹山という人は非常に苦労したと思います。これをみて思うのは、鷹山は素晴らしい経営者だったのではないかということです。資本の論理を入れて藩の経営をしたのです。後でよく勉強して、はじめから鷹山をまねればよかったと思いました。藩財政の再建において、まず実態をありのままに把握させ、資本の論理を貫き通すのです。倹約して支出を大幅に削減するのです。

次に減俸し、余剰人員を削減しています。また、追加税の徴収です。それから、武士を生産労働へ移転させ、武士全員に百姓をさせますね。毛利も武士全員を生産労働に向けるのです。いつまでも武士であることにこだわっていた藩は没落します。四国、能登、佐賀も武士を使う。鹿児島も同様です。最後まで武士としての面子を重んじた薩摩藩の一部の武士達は、人情に厚い西郷隆盛と一緒に死ぬわけです。

上杉鷹山の改革には、役者がそろっていました。参謀と相談役がいました。改革の方針に反対者が出た際も、全員にコンセンサスを取り付ける努力もし、それでも方針に反対した七人のクビを切ったり、切腹を申し付けたりもしました。改革の断行は柔だけではできないのですね。

**――農民だけではなく藩士も、水田でない荒地に四木三草の植樹を行い、織物を名産品化していった。

つまり、毛利家と同様に鷹山は資本、すなわち藩士も含めた資産を有効活用しようとした。その方針に反対した七人を処分したのは、ガバナンスでしたね。この瞬間、鷹山は方針に加えて、具体的に経営者としての姿勢を明らかにしたのだと思います。**

山本 そうです、ガバナンスです。これはまさに資本の論理です。さらに見習うべきは、資本の論理だけではなかなか意識改革できない者もいるので、自ら質素倹約を行い、武芸を奨励するのです。武士の魂を失わないように配慮しているのです。

また、治広に家督を相続するときに、三条からなる藩主としての心得、伝国の辞を申し渡します。そのなかの一つ、「国家は先祖より子孫へ伝候国家にして、我、私すべき物にはこれ無く候」。これはリンカーンの「人民による人民のための人民の政治」と同じです。鷹山が治広へ家督を相続したのは一七八五年で、リンカーンがゲティスバーグで演説を行ったのは一八六三年です。つまり、この時代にすでに民主主義の論理を貫いていたのです。この国家というのを企業に置き換えると、完全に現代も生きている論理ではないでしょうか。私は、織田信長と上杉鷹山を、非常に尊敬しています。

――鷹山は錦鯉もつくりましたよね。

山本　そうですね。それから、漆（当時幕府が産業振興として奨励したのは茶や桑あるいは漆といった四木三草であった）もつくりました。藤沢周平の本にあるように、最後は失敗するのですが、お互いに若かったなと郷愁に浸る。去る価値への思い出で、作家の鷹山への思いがしみじみと伝わってきます。

ＩＳＨＩＮの改革に取り組む前、事業環境は変化し、外圧が高まっていました。グローバリゼーションの進展とＩＴ革命が起こり、従来の国境というカテゴリーがなくなっていました。これまでと同じように組織、共同体を守れる状況とはいえず、新しい仕組みをつくらなければいけなかったのです。まず事業構造を変え、進むべき方向を示す。目的を実現しやすいように経営の仕組みを変える。持株会社にしたというのはそういう考えからです。

意識を変えてから経営の仕組みを変える。従業員の意識が変われば、とやかくいう必要はないのですが、意識はそう簡単に変わらないのです。したがって、制度、組織、評価の基準も変えて、意識を変えていく必要があります。座学を一年やったところで、意識は変わらない。ある時何かに触れてパッと変わる場合がありますし、ワイワイガヤガヤと皆でやっているなかからそれぞれが目覚めてくることもあります。松陰や緒方洪庵のやり方は、みんなワイガヤグループなのです。そのなかで、あるものをもっとみるべきでないかとサジェスチョンしています。そのなかから自発的な変革を促していますね。

また、士農工商で身分が固定されていたため、能力のある者が上に行けず、現状を壊して自由を得たいというマグマが働いていた。いまの世の中は豊かになり過ぎ、「ハングリー精神をもて」といったところで、中国や台湾のほうが余程ハングリーです。それでは日本は勝てない。時代背景をよく考える必要があります。ISHINの改革は明治維新の改革をまねたと申し上げました。明治維新のスローガンであった尊王攘夷の結果は開国でしたが、ISHINの改革では、スローガンとして国際的なルールで戦うことを明確にしました。また、明治維新の政策であった富国強兵は、高収益事業の強化、利益の拡大です。スローガンは、やはり掲げておかないといけません。

――創業事業の撤退時に、OBの家を一軒一軒説得してまわられた経営者の方もいたと聞きました。ISHIN改革は痛みを伴う撤退と前向きの事業展開の組合せであったと考えますが、撤退の際に、どこに一番心を砕かれたかお聞かせください。

山本　OBの方々の説得はしませんでしたが、「宮崎さんが始めた事業を、おまえが何でつぶすのか」と随分電話も手紙もいただきました。しかし、実情は説明しましたが、相談しても片がつく問題ではないし、過去・感情・慣習の3Kを持ち出すことの危険さも感じました。パラダイムが変わっているのだと。

何よりも、いまいる人にわれわれができることは何かを考えるべきだと思いました。過去の人を不幸にしているわけではない。

感傷に浸るより、私の関心事は、仲間たちの転進支援、希望退職でした。運命共同体でやろうと、永年ともに苦労した真面目な人たちとの別離はじくじたる思いでした。人材派遣業を担う旭化成アミダス㈱にも活躍してもらい、就職先を世話しました。折り合わない人は旭化成に残ることにしました。社内の価値と市場の価値との隔離もありました。辞めていく人には退職金を増やしました。増やし過ぎたとの批判や、よい人まで辞めたというクレームもつきました。それでも、われわれが報いられるのは、お金しかないと思ったからです。社内へ配転した人、他社に変わった人もしばらく面倒をみる。人事もよくやってくれました。

売却する事業のキーマンは辞められたら困るので、一生懸命説得しました。処遇は両社で補てんすることにしましたが、現在の日本の年金はポータブルになっていませんので、補てんの仕方は大変でした。早く合理的なかたちで401k等ができあがれば、もう少し雇用の流動性が図れるのですが。会社を離れた後も、相談コーナーを設けフォローを続けています。彼らと時々集まって飲んでいますが、「一元さん、旭化成にいるよりはよかったですよ」といわれると、ジーンときます。

——退職金や年金といった処遇をポータブルで持ち運べるという人事インフラは、国の問題ですね。人材を流動化するといっても処遇の持ち運びが自由にできなければ、いま辞めては損といった計算がはたらくのは当然ですから。

山本　そのとおりです。日本の年金は、途中で切ると損をするのです。かといって、401kを一挙に進めることもなかなかむずかしいのです。確定給付か確定拠出かも論議して、年金は抜本改革をしてほしい。また、派遣社員を正規社員にする問題も、年金まで考えなくてはならないのではないか。享保の改革の失敗は、古い制度をそのまま残して枝葉を切るような改革にあったのではなかったのか。人に関する問題だから、将来の姿を描いて、時間をかけて改革を進めていくべきだといっているのです。

昔と違い、職種に応じて働き方も変わっています。エレクトロニクスの世界では、三年経ったら事業がなくなることだってあるのですから。日本にはアメリカのようにレイオフ制度がありません。日本では、その時の人を、他に移転させるといってもそう簡単ではないのです。高度成長時代ではありませんから、移転が可能かどうかもわかりません。そうすると、必然的に派遣社員を使うのです。だから、正規社員と派遣社員を含めた改革をやらないと、享保の改革になるといっているのです。

一生一つの企業で働こうという人も少なくなっています。したがって、少なくとも四分の一世紀ぐらいかけて本格的な改革をしないと、働く人も企業も困る。信長から始まった徳川の改革も、明治の改革も、かなりの時間をかけています。それをやるべきだと思うのです。

――享保の改革も二つぐらいはよいのがあったと思います。東京都で渋沢栄一さんが、享保の改革でため込んだ七分金を活かして社会インフラの整備ができましたし、もう一つは人足寄せ場をつくったことかと思いますが。

山本　士農工商の制度も壊しておかなければいけなかったでしょうね。鷹山のときとは違って、享保の改革では御用学者がいっぱい出てきて、徳川を守るために、「君は君たらずとも、臣は臣たれ」（注8）というのです。それではもちませんよ。それが日支事変から太平洋戦争に突入する頃は、軍隊では「上官の命令は朕の命令」と思えと玉砕まで命じているではないですか。それはまさに徳川を守るため、江戸時代の御用学者たちがつくりあげた論理です。それを明治後期や昭和の軍がみな引き継いでしまって、三一〇万人もの尊い生命を失う。それを私は、明治後半の無自覚といっているのです。

いまこそ、どういうあり方が最もよいのかを考えなければならないと思います。一方では同一労働・同一賃金だとかいいながら、現実は異なるのです。そうであるなら、現在の、特に大企業の仕組みも一度根本から変えないと、この問題はずっと残ります。

――派遣社員を正社員化するとかしないとかは、小手先ということですね。ある金融機関の仕事で、持株会社をつくることになり、正社員同士でありながら親会社と子会社という新たな身分制度や意識が生まれてしまうのではないかという危惧を抱いたことがあります。

山本　それが長くなると妙な対立が起こるでしょう。やがては、最低賃金をどこまで上げるかとの議論の結果、極端に上がる場合があります。国際化していないならばよいのですが、ＩＴ革命は、最先端の技術と最も安い賃金をすぐに結びつけます。国際化というのは、それは何年かかるかわかりませんが、世界の賃金は次第に平準化されてくるでしょう。早く方針を決めてほしいですね。

8　リーダーについて

――ご著書のなかで「制度や仕組みに完璧なものはない。運用するトップリーダーの使命感や倫理観が企業のあり方を決める。自ら経営哲学をもち、危機に直面しても真正面から立ち向かう真のリーダーこそ、いま求められているのではなかろうか」とおっしゃっています。

選ばれるリーダーとは、どのような人材であるとお考えですか。また、真のリーダーとは、育てることができるのでしょうか。

山本　ヨーロッパは貴族社会で、一掴みのエリートがエリート教育を受け、その国のトップリーダーに就きます。最近少しずつ変わってきていますが。それと比べたら日本は自由です。真のリーダーがそんなに簡単に企業のなかで育つのだろうかと、私は疑問に思います。

ただ、非常に重要なリーダーを選べといわれたときに、どのような人を選ぶかというと、第一には、やはり素質のある人です。仲間内でも目立つ者はいます。宝塚歌劇団でも、トップスターになる人は若い頃から出てきただけで華やぎがあります。オーラといいますか、やはりそのような素質が必要だと思います。

第二に、強い意志をもっているかどうかが大切だと思います。課題を絶えず自分に与え、その課題を解決しどのようなことを実現するかというしっかりした考えをもっている人でないとリーダーには向かないと思います。

第三に、その課題をもち、自分を鍛錬する人でなければなりません。自ら学習し、叩かれてもいいから外へ武者修行しに行く、はっきりと意見をいう者との交流をもつ、これは鍛錬です。ウェルチもいっていましたが、「上の者がやらせるとしたら、いろいろな仕事をやらせてみて、そのなかで、どのようなやり方をするのか、期待する成果をどのように描くか、成果が出た後、検証し、次にはどのようなことに新たに取り組もうとするのか。この三点をみるのが非常に重要だ」といっています。いろいろな仕事をやりながら自分を磨き、より高いものを目指す。トップリーダーとして選ばれる人が備えるべき素養とは、人から与えられないものではないでしょうか。

もう一つ大事なことは、野口さんの項で述べた、無私、使命感が必要です。リーダーは、場合によっては自分が支配している共同体のために死ななければいけないのです。そのような志があるか否かはきわめて大切です。現在の社会をみますと、責任をどんどん下に転嫁しています。トップが死ねばすむという問題ではありませんが、権限に対しては責任をとる自覚がなければならないと思います。

このような漠然としたことがリーダーには期待され、民主型か育成型か、関係重視型か独裁型かで割り切れるようなものではないと思っています。時には独裁、時には民主型が必要で、時には調整型ともなるわけです。だから、すべての能力が必要ですし、それが自分に欠けているとしたら、補完できるスタッフを周りに置き、その人に任せるという度量がないと、リーダーはむずかしいのではないでしょうか。

時代により要求される像はまったく違います。したがって、いまの時代にはどのような人物がよいのか、時には信長型、時には家康型が要るということもありましょう。

その時代にふさわしいリーダーを選ぶためには、日頃からコミュニケーションをよくしておく必要があります。いろいろな仕事に挑戦させながら、企業の置かれたその時々の状況により、彼ならよいだろう、この分野はやってくれるだろうと、選別すればよいと思います。トップリーダーはそう多く選ぶわけではありませんから、時代に応じた選別の基準に従えばよいと思います。

鷹山の改革においても、竹俣当綱に権力が集中し、その周りに人が集まり、既得権集団ができ共同体となります。結局、改革のリーダーであった彼を左遷せざるをえなかったが、鷹山は、殺しはせず蟄居させました。在任期間が長いとそうなってしまう。だから、リーダーが使命を終えたとき、区切りをつけて交替する仕組みが要るのでしょう。尊敬するすごい経営者だった宮崎さんにも、晩年は正しい情報が上がらなかったのではないかと思います。

――一九八五年頃でしょうか。その三年前に次世代ビジョンであるNAC（ニューアサヒクリエーション）を制定されていますね。宮崎さんは、一九〇九年のお生まれですから八五年時点では七六歳でいらっしゃったわけですね。

山本　そうですね。宮崎さんのような天才、努力家、そして力持ちには、足元にも及ばないのですから、私は七〇歳過ぎたら絶対に判断業務をやらないと早々と宣言しました。

――それで、相談役に就任なさったということでしょうか？

山本　それ以上踏み込んだら、事業の目鼻をつけるのに、もう少し長い期間が必要になるでしょう。新しいことは別の発想でやらなければいけません。あまり長いと改革の怨念も出てきます。手荒なこと、やりたくないことを心を鬼にしてやったわけですから。それに、健康は別にして体力はどうしても衰えてきます。やはり引いたほうがよいのです。

9　明日の日本の創造

――ご著書のなかで、二一世紀の日本を創造するために企業が取り組む役割について提言なさっていますが、詳しくお聞かせください。

山本　明日の日本を創造するテーマは、知財立国、環境立国、街・都市づくりが重要だと思います。

日本は現在最も進んだ環境先進国です。二〇一二年に京都議定書が施行された結果が明らかになりますが、二〇〇五年の段階では炭酸ガスが八％も増えています。議定書では六％の削減を約束しているので、これから一四％下げなければならず、これはかなり大変なことです。欧米先進国が日本並みの省エネを実現してくれるならば、炭酸ガスは二〇％強減るでしょう。京都議定書で定めているのは参加国で五・二％削減ですから、日本の技術をもう少し積極的に海外に出すべきだと思います。しかし、タダでは出せませんから、技術料は何らかのかたちでいただく必要があります。そのために二〇一〇～二〇一二年においても、日本が環境技術で圧倒的に他を抜き、優位を維持する開発を進めておかなければなりません。そうしないと、日本は資源も何もないですから他から見捨てられます。ぜひ進めてほしいと思います。世界的には水が不足しますし、浄水技術も日本は最先端の技術をもっています。

日本の産業界はかなりの省エネを実現しています。いまの日本の典型的な弱さ・強さをみているようですが、いったんやり出したら現場は強いのですが、本社はこうした問題は駄目ですね。オフィスビルも工場の現場と同じように、懸命に省エネに取り組まないといけません。少しぐらい規制をかけてもよい。

街づくりについては、もう上物だけの時代は終わっています。よい住まいは、やはり環境がよくなければなりません。それに、少子化問題、高齢者問題、働く女性の支援等、諸々の課題がすべて街づくりに絡んできます。木を植えるだけではなく、交通の問題も考えた街づくりが必要です。

三〇年強前の話ですが、フランス・パリから三〇キロメートルほど離れた街の開発を視察に行きました。そこでは賃貸から先に売るのです。売れ残ったら、個人に売るのです。職業が変わるなどで通勤先が遠くなった場合、個人で購入した人は動けませんが、賃貸ならば、別の所に移り、パリへ通勤する人が新たに入居する。パリへの通勤は二〇〜三〇分だから家にも早く帰れるし、交通アクセスの費用も安くなるという考えでした。早く家に帰り、家族と一緒に食事をしないと、家庭問題が起こるというのです。日本では、父親は早く帰ったら邪魔になり、土曜、日曜でさえ父親がいない家庭が多いのではないでしょうか。

少子高齢化問題は、そのようなさまざまなことを踏まえて取り組んでいるのです。フランスでは、出生率が二〇〇六年に二・〇人に回復しています。また、スウェーデンのサムボ（事実婚、同棲）法では、財産分与や養育権等が未婚でも与えられています。このように諸外国では、諸々の法律も整備したりして、ただお金を出すだけではなく、少子化問題の根本に対処しているのです。

また、日本は外貨を稼いでいますが、大部分がアメリカに還流されて、日本人の生活を豊かにするために使われておりません。内需を拡大し、豊かな街並みをつくる。国民も生活の豊かさを求めましょう。円高を容認し、開発を進めなければならないと思います。いまの事業で外貨を稼ぐことが、二五年後にもできているとは考えられません。だからこそ、知識集約型に舵を切り替えていかないといけません。少子高齢化になれば需要が減ります。自動車なども海外生産に移るでしょう。付加価値の高い、世界に貢献できる日本の事業をつくらないと大変なことになると思います。それから、アメリカに還流するお金を日本で使い、街を再生し、よりよい環境をつくり、それを持続させなければいけません。

知識集約型産業では、新興国も外国の頭脳を呼び込もうとしています。大連の東南大学では非常に快適な環境をつくり、アメリカなどあちこちから外国の頭脳を呼び込んで、知識を吸収し、あわせて中国の学生を育成しているのです。

瀋陽や大連などでは、招聘した一流の教授には素晴らしい環境に囲まれた住まいを提供しています。

いまの日本のようなプアな街並み、居住環境では、海外の一流の研究者は来ないですね。大学周辺にきれいな街をつくったり、街全体をきれいにするなどの方策を考えないといけませんね。

ライフ&ワークバランスがようやくいわれ出しました。仕事そのものも生活ですが、住まいと仕事は、ある程度セットで考える必要があります。住まいには環境が重要です。自然環境だけではなく、安全で機能的で楽しいコミュニティをどのようにつくるか、早急に検討しなくてはなりません。

「住まい・まちづくり戦略研究会」では、日本人が、快適で美しい住生活を享受し、将来世代へ継承するために、できるところから実践に移していくべく、二年間勉強会を重ねてきました(図表1参照)。さらに研究も続けますが、具体化に向け、小さくてもどこかで実現しようと候補

図表１　住まい・まちづくり戦略研究会

提言

「住まい」や「まち」の創生による豊かな国づくり

～快適で美しい住生活を目指して～

1. 「住まい」の創生は、『住宅価値の最大化』を旨とし、迅速に進めるべきである。
2. 「まち」の創生は、『地域価値の最大化』を旨とし、迅速に進めるべきである。
3. 国は、「住まい」や「まち」の創生に必要な基本的な仕組み（法律、税制、財政、金融等）を再構築し、実務は、地方自治体へ権限委譲すべきである。
4. 地方自治体は、「住まい」や「まち」の創生を推進するタウンマネジメント組織（地域団体、NPO法人、タウンマネージャー等）を、積極的に支援すべきである。
5. 住宅産業は、『住まいの産業』へ脱皮し、「住まい」や「まち」の創生に対して、率先垂範して、取り組むべきである。

住まいの産業ルネッサンス塾
住まい・まちづくり戦略研究会

『住まいの産業ルネッサンス塾』の「住まい・まちづくり戦略研究会」（＝略称「まち研」）は、21世紀を生きる日本人が、快適で美しい住生活をおくることができるために、「住まい」や「まち」の創生による豊かな国づくりを提言する。

塾　頭	澤田 光英	（株式会社日本建築センター　特別顧問）
委員長	山本 一元	（旭化成株式会社　常任相談役）
委　員	樋口 武男	（大和ハウス工業株式会社　代表取締役会長）
	藤本 昌也	（株式会社現代計画研究所　代表取締役）
	三國 陽夫	（株式会社三國事務所　代表取締役）
	蓑原　敬	（蓑原計画事務所　主宰）
	山田 良治	（和歌山大学　経済学部教授）
	和田　勇	（積水ハウス株式会社　代表取締役社長）
特別委員	立花 貞司	（トヨタホーム株式会社　代表取締役社長）
	矢野　龍	（住友林業株式会社　取締役社長）

※敬称略・氏名50音順

地を探しています。

――自治体だけではなく、企業や地方の金融機関が街づくりに乗り出している例もでてきましたね。

山本　ただ、問題なのは、日本の人件費が高いので、時間のかかる街の再生は、ある程度ボランタリーな活動が必要になるのです。できるところから、具体的に動き出すと世の中は変わっていくのですが、中央省庁の権限が分散していて許認可が大変なのです。もう少し融通が利くようにしないといけません。そのためには、自治体に権限を委譲すべきでしょう。ボランティアだけでは長続きしません。地方自治体を中心にして、専門家集団も集まって、企業も加えて街を再生するプロジェクトが必要になりますね。

10　教育について

――ご著書のなかで、「教育とは学ぶことと習うことに加えて個を鍛え上げ、その土台の上に立って未来を創造する自由な精神の育成ではないか」とおっしゃっています。また、戦前生まれの恩師より、「戦前に自分は、大人になったら天皇陛下のために死ぬという教育を受けてきました。今回の教育基本法はその時代に逆戻りするのではないかという危惧をいだいています」という年賀状を今年いただいています。戦前・戦後両方の教育をご経験された山本さんからご覧になって、よい点も悪い点もあったでしょうから、未来の日本の教育に受け継ぐべき点について、お聞かせください。

山本　教育はむずかしいですね。最近の偏狭なナショナリズムが出てきて少し心配しています。ナショナリズムといえば、スカッとした気分になりますが、愛国心とは別問題です。世界から孤立しないためにも、他国の評価も少しは考慮していく必要があるのではないでしょうか。身内の評価だけではいけません。

――身内の評価だけでは、安定秩序をおもな目的とした村社会、すなわち、共同体のままになりがちですね。共同体の反対語は機能体だと思います。機能体の目的は、成果であり結果です。企業は、機能体の側面と共同体の側面を両方持ち合わせていますね。そこで、身内の評価だけだと共同体が色濃くなりがちですね。

山本　そうです。企業が共同体の論理に完全に陥ると、非常に危険なのです。戦時中は神風が吹く。「神州不滅、必ず勝つ、頑張れ」と、毎朝小学校で唱和していましたが、B29やグラマンにめちゃくちゃに破壊されたことを目の当たりにしています。理由なき楽観主義です。だから、そのような合理性なき精神主義は、敗戦を招きました。戦時中の軍国主義教育は否定しなければなりません。

戦前の教育のよい点は、現在のような個性を無視した知識偏重主義ではなく、知恵を重視したことです。人間の心にあるモラルに訴える徳育を教育していました。長幼の序、弱い者を慈しむ、助け合うなど、家族でもコミュニティでも、知識より倫理・徳目を重視する。知識よりも知恵に学ぶ文化がありました。子どもの頃、悪いことをしては怒られて仏壇の前に座らされ、「ご先祖様に申し訳ないぞ」と説教されました。恥の文化も養われていました。このような徳育を少し取り戻して、自分さえよければという論理を否定しておかなければならない問題だと思います。

――今日のお話のなかでの「君、君たらざれば、臣、臣たらなるなり」といったところも、元はといえば論語のなかの話だと思いますが、教育はかなり手薄になっています。

山本　先程上杉鷹山の話を申し上げましたが、国は何のために存在するのかということです。国民の生命・財産を守り、将来にわたって安心して暮らせる国家という共同体をつくっておかなければいけないと思います。しかし、国民という視点は、政治家の言葉とは裏腹に国の改革のなかでも具体的に一つも出てこないのです。

戦争中は、「一億玉砕、天皇のために死ね」という教育を受けてきましたが、国民の犠牲の上に国が存在するという虚構への誘導はあってはならないのです。だからといって、平和憲法を守っておきさえすればいいということでもありません。日本をどのような国にするかを議論して、自国を守り、国際的に協調するには一国平和主義、繁栄主義は通用しませんので、集団的自衛権や憲法も解釈でその場を凌ぐのではなく改正すべきでしょう。その際、国民なき改革では困ります。やはり、国民をマクロの観点からとらえ啓発し、論議をしておく必要がありますね。

大きな問題はさて置いて、教育は私の経験では先生の人格にひかれることが大きい。中学校、高校、特に小学校は学科の好き嫌いは先生の好き嫌いですね。大学では少し物心ついて判断力もついてきていますので、先生に感化されることが、その後の人生に大きな影響を与える。

しっかりした生き方をもち、教え子と裸の付き合いをして実践を通じて人生を教えてくれる人。そんな先生にならば、相当厳しく教育されて、「おまえ、そんなことはダメだぞ」と叩かれてもついていきます。いろいろな人を集めてのワイガヤのなかから、こちらの意見も聴いてくれて己を自覚させる場をつくってもらったのだなと、いまになって思います。

欧米には教会があって、日曜日には教会へ行き、ボランティアの打ち合わせもする。多くの日本人はお寺にも神社にも滅多に行きません。町内会の集会所にも集まりません。集まる場所は学校のPTAしかないのです。いまの人は、学校に学問の教育以外にも過度な期待をし過ぎているのではないでしょうか。

PTAも子どもが卒業したらすぐに入れ替わってしまう。長い継続的な人間関係は、生まれにくい。教育は、家庭、地域、学校が連携して行うべきです。学校教育はいろいろな知識を放り込める器をつくることではないでしょうか。創造性は、知識と知識の組合せで多く出てきますので、やはり、器を大きくし創造性が発揮できる基盤をつくることが大切だと思います。加えて、集団生活のルールを教えておく必要があります。

大学は、社会人として生きられるよう、集団生活、研究手法、正解のない解を求めるトレーニングなのです。そうしたことをあまりやらずに会社に入るので、集団的な教育を会社でやり直さなければならないのです。現在の高校までの教育は、偏差値だけで人間力の養成には目が向いていないと思います。

家庭教育は、幼少期に礼節と躾を教える場なのです。電車で靴を履いたまま座席に立っていても、親が注意しません。この年になると電車のなかなどでは、若い外国人に席を譲られますが、日本の若い人は、ほとんど立たないですね。

アメリカでは幼児に、次の三つを徹底して教えるというのです。“Thank you”“Excuse me”“Good morning”だそうです。コミュニケーションの基本となる挨拶ですね。海外のホテルのエレベーターのなかで、“Good morning”と声をかけると、ほとんどの人はにっこり笑って“Good morning”と挨拶をしてくれます。顔を伏せてそそくさと逃げていくのはだいたい日本人です。家庭教育のせいでしょうね。残念です。

公徳心も失われてきていますね。心配しているのは、エリートのモラルが極端に失われていることです。こんなことをいってよいかどうかわかりませんが、ルールにないからとか、内規に照らし合わせて悪くないと主張する人がいることです。すべてがルールで規制できるわけはないのです。モラルの世界にルールを持ち込んだら、人間の尊厳を失うのです。ここはやはり、子どもの教育の前にトップや親の教育をし直さないといけないのではないでしょうか。

かつて、先進国で多くの公害が発生しました。わが国でも水俣病が発生して、法律ができて規制したのはかなり後なのです。こうした失敗を踏まえて、世界の化学工業では法律のできる前に自主規制をしていこうと、レスポンシブルケアの活動を始めました。規制でグローバルスタンダードをとろうと、ＥＵはＲＥＡＣＨ（欧州化学物質規制）だ、ＲｏＨＳ（電気電子機器への特定有害物質の含有を禁止する規制）だと次々と提案していますが、それだけではよくならないと思います。トップリーダーがどういう気構えで事業に取り組むかが大切なのです。ルールにないからやってもよいというわけにはいきません。公害のように後追いになります。ＣＳＲの本もたくさん出ていますし、何々各社はこうやっていますと成功事例を解説する講習会もたくさんあります。しかし、背景も違う、そこにいる従業員も仕事も違う、歴史も違う、文化も違うなかで、そのまままねはできません。自ら良心に問うて行動すべきでしょう。

私は小さいときに松下村塾の教えを刷り込まれました。松陰の啓発が、なぜ弟子の心をあそこまで揺り動かしたのでしょうか。外国から支配されない国をつくるにはどうしたらよいかと、命を投げ出してでも、旧体制を破壊し、新時代の幕開けをつくった門下生がいます。高杉晋作を筆頭に、久坂玄瑞、品川弥二郎と師の志を受け継いだ者がたくさんいるのです。脱藩し諸国の情勢を踏査し、禁を破って渡航してまで諸外国の実情を知ろうとした松陰の勇気ある行動に心から啓発されたのでしょう。

松陰は、儒教は説いていませんが、動いている今日の問題を取り上げて門下生とともに考えています。信長も同じです。信長も昔の規則などはまったく無視し、いま動いている情報を集めるのです。現在でも古いデータを集め、情報と勘違いして論文を書き、かくかくしかじかの事業をやるべしと結論づけている人もいますが、役に立たないと思います。格好は悪くてもよい、動いている情報のなかから何かを感じ取り、進むべき方向を考えて行動に移す必要があります。もし失敗すれば、やり直せばいいのです。

得てして学者などは白いキャンバスに絵をお描きになります。しかし、われわれの仕事はフラットではない。いろいろな人間、いろいろな関係先、いろいろな国との関係、いろいろな歴史を背負ったなかで取り組まなければなりませんから、白地には描けないのです。いまの世の中はこう動いている。皆どのように考えて行動するのかを問いただす。それが松陰の教育であったように思います。

松陰の語録を読んでみても、それが如実に出ています。特に下級武士が啓発されていました。高杉・久坂等門下生が師の志を受け継ぎ、一命を懸けて旧体制を徹底的に破壊したのは、信長と一緒です。晋作などは、壊すことに一命を懸けるといっています。たまたま、伊藤・井上がイギリスに留学していて、生命を永らえた騎兵隊のなかでも、山県有朋は晋作に「うすのろだ」といわれていましたが、後に国政を預かる桂太郎とともに、優柔不断の政治家として描かれ、桂は幾松の話など、品行方正でなく冷たい男ということですが、日露戦争のときは、非常に正確な判断をします。それぞれの必要なときに、求められる役割の人が出てきたのは不思議ですし、一人でやろうというのは無理だと思いますね。

信長のような天才がいれば別ですが、改革は三部作です。宮崎さんが最後まですべてやり遂げていたら信長に匹敵する大天才だったでしょう。野口さんは、時代も違うとはいえ、熱い志があったから成就したのだと思います。不易流行といいますが、野口さんが求めた「もの」をわれわれが求めても、また、宮崎さんが求めた「もの」を求めても、いまは通用しませんが、両者の開拓者精神と熱い志は受け継いでいかなくてはなりません。

島崎藤村の『春を待ちつつ』の一節に、「古人の求めたものを求めず、古人の求めしところを求めよとは、南山大師の筆のあとにも見えたり」とあります。南山大師とは、弘法大師です（注9）。時代が変わればその人が求めたものを求めても何の役にも立ちません。しかし、精神はしっかりと受け継ぐ必要があるのです。旭化成にも野口さん、宮崎さんという偉大なる人物がいましたが、彼らがたどってきた精神は今日もなお輝いて生きているのです。

余談になりますが、「品行は少々悪くてもよいから品性をよくしろ」といっています。あまり品行のよい人間は歴史上の改革をした人にはいません。相当荒っぽいことをするわけですから。

しかし、品性はよくなければいけません。ルールになかったからといってはいけない。禅が教えるように、自分の本心と良心に問うて恥じない行動をしてほしいものです。

（注）

1 〈野口遵氏略歴〉

一八七三年　金沢市で生まれる
九六年　東京帝国大学電気工学科卒業
九八年　福島県の紡績会社の技師長として、水力発電事業を完成
一九〇一年　ジーメンス社の東京支社に技師として入社
〇六年　曽木電気を設立し、鹿児島県の曽木滝を利用した水力発電所を建設
〇八年　ドイツから石灰窒素の製造特許を取得。日本窒素肥料を設立、水俣工場でカーバイド生産開始
〇九年　水俣に肥料工場完成、石灰窒素の生産に着手
一三年　阿蘇山中に白川発電所を建設、鏡工場（熊本県八代郡）に電力供給
一四年　鏡工場で石灰窒素、硫安を生産開始
二一年　イタリアから最新のカザレー法アンモニア製造を導入
二二年　カザレー法アンモニア製造による硫安工場を延岡にて建設着手喜多又蔵と共同で旭絹織を設立、レーヨン工場建設着手

二四年　朝鮮への進出を決定
二五年　鴨緑江支流の発電施設建設に着手
二七年　朝鮮窒素肥料を設立、興南工場の建設開始
四〇年　京城（現・ソウル）で脳いっ血のため倒れる
四一年　全財産三〇〇〇万円を寄付
四二年　勲一等瑞宝章を受章
四四年　一月一五日死去、享年七二

「戦後、野口の作り上げた日窒コンツェルンは集中排除で解体を余儀なくされた。しかしその事業は今もなお旭化成や日本工営、日窒鉱業、積水化学などに受け継がれている。」
（出所：旭化成八十年史、日本経済新聞二〇〇〇年三月六日付）

2
「（前略）単に食わんが為、着んが為を目的としてただ生命を繋ぐというならば何も苦悩は無いはず、今日生活難の声を聞くその大多数は生活のレベルを引き上げようとする所から発し来るのである。これは人間自然の要求であって、かくあらばこそ人類に進歩があり文化の向上が招致されるものである。故に単に衣食の資を給しそれで以って生活難が緩和されると思うことは大いなる誤りで、吾々工業家はあくまでも大衆文化の向上を念として、最善の生活資料を最低廉価にしかも豊富に給することを以って究局の目的としなければならぬ。（後略）」
（出所：旭ベンベルグ絹絲株式会社取締役社長野口遵〈昭和八年七月一五日〉「人類文化の向上と吾社の使命」昭和おりもの新聞）

3
「『多角化は継続する』。一九九七年、社長就任時に私はこう明言した。しかし、そのためには、右肩上がり

の高度成長期に成功した旧来の多角化経営ではなく、新たな多角化へのビジネスモデルを追求しなければならなかった。（中略）

以前より多角化は、シナジーを実現できるものと信じられてきたが、むしろ、関連性に乏しい事業を乱立させ、資本コストを省みない拡大志向を助長させる結果となった。
シナジーの創造には高い自立性が欠かせず、グループ内で安住したり、もたれ合ったりする組織ではけっして育まれない。その「選択と集中」の出発点として、ＥＶＡ（経済的付加価値）による業績評価制度を導入し、各カンパニーも経営責任を明確にした。これは各カンパニーに対して、グループの現在と将来を支えるコア事業としての自立を促すのが狙いであった。

このように目標が明確になったことにより、各カンパニーは高い価値の創造力が問われることになった。

（中略）

いまや新しい価値は、社内外とのコラボレーションなくしては創造しえない。その際、忘れてはならないのは、社内はもちろんのこと、社外の場合は特に自らに魅力や強みがなければ、相手は手を組みたいとは思わないということである。高い自立性と価値創造力という条件をクリアできなければ、コラボレーションという土壌に上がることはできない。

このようなコラボレーションが、新たな事業機会、すなわちシナジーを創出する。これこそ、旧来の多角化経営と一線を画する新たな多角化のモデルであろう。（後略）」

（出所：山本一元「新たなる多角化を目指して」二〇〇二年七月、Diamond Harvard Business Review）

4　化学工業は上流から、油田・石油精製・ナフサ等の原料・エチレン（センター）・汎用化学品（の合成設備）・機能化学品・成型および加工の工程からなる。ＡＮは、汎用化学品でアクリル繊維や塗料コーティング剤等の機能化学品の原料となる。

5　一九七三年一〇月六日に第四次中東戦争が勃発。これを受けて、石油輸出国機構（OPEC）に加盟していたペルシャ湾岸産油六カ国は、原油公示価格の二一％引き上げと、原油生産の削減とイスラエル支援国への禁輸を決定。さらに一二月には、翌一九七四年一月より原油価格を二倍に引き上げると決定した。

6　トラファルガーの海戦は一八〇五年、信長が本願寺封鎖のための鉄甲船を戦に投入するのは一五七八年。二〇〇年以上も前のことである。

7　一益は領地よりも、茶器（安土名物とも呼ばれた「珠光小茄子」）を所望したが叶わなかったことを悔しがったという逸話がある。

8　論語顔淵篇では、斉の景公の政治についての質問に対し孔子は「君君臣臣、父子父子……」と答えている。主君は主君らしく家臣は家臣らしくあるべきという意味である。戦国時代には「君、君たらざれば臣、臣たらざるなりと下克上を説明するために変容した。

9　随想『春を待ちつつ』は一九二五年刊行された。「古人の……」は随想集のなかの「小屏風の言葉」にある。知人に屏風をつくるので八つの言葉を選んでほしいと頼まれて、藤村が選んだ言葉の一つである。八つはいずれも芭蕉の俳文等である。「古人の……」は芭蕉が知人の森川許六の帰国に際し、書き与えたもの。

鹿児島銀行の地域再生（二〇〇七年三月インタビュー）

～取引から取組みへ～

【永田　文治氏　略歴】

一九四八年（昭和二三年）七月三一日生まれ。一九七二年（昭和四七年）株式会社鹿児島銀行入行。取締役法人推進部長、取締役審査部長、常務取締役、頭取を歴任され、二〇一〇年（平成二二年）より同行の取締役会長を務められている。

アグリクラスター構想や地域金融機関と地域再生についてお話を伺った。アグリクラスター構想とは、南九州の機関産業である農業の生産（川上）・加工（川中）・流通（川下）までの一連の工程をトータルで産業群（クラスタ）ととらえ、これらに投資することで基幹産業全体を活性化しようとするものである。地域の特徴を活かしながら、地域に密着した産業を育て、地域の繁栄を図っていくことが大切であり、地方銀行はそのために地域を有機的に結合させ、地域のもつポテンシャルを引き出す役割を担うべきであると永田氏はお考えになっている。

1　農業への取組み

――地域に根ざす金融機関としてゆるぎない基盤を築いてこられた鹿児島銀行。自己資本比率は国内金融機関でトップレベルにあり、スタンダード&プアーズ社からは格付「A」という高い評価を得られています。

一方で、貴行が営業基盤としている鹿児島・宮崎県の現状は、国内経済が着実に回復を続けているのに対し、地域経済の一部に改善の兆しがみられるものの、全体としては足踏み状態にあるようです。

このような経営環境のなか、現在推進中の第3次経営戦略計画（二〇〇七年当時・現在第4次経営戦略計画推進中）では、「地域貢献」という大きな使命を果たしていくために、「ターゲット100（最終利益100億円）」を目標に掲げ、体力のある強い銀行を目指し、さまざまな施策を展開されています。

そのなかでもユニークな取組みであるアグリクラスター構想ですが、そもそもなぜ農業を核とした地域経済活性化なのでしょうか。永続的な経済の創出という意味で農業が鹿児島の活性化に適している点はどこにあるのでしょうか。

永田　鹿児島県の農業の現状として、鹿児島県の第一次産業の比率は他県に比べて高く、食料輸出によるポテンシャルをもっています。一方で、生き物相手のリスク（注1）もあります。これらを踏まえて、二〇〇六年四月から始まった第3次経営戦略計画の一環として、アグリクラスター構想を推進しています。

第一次産業比率の全国平均は一・七％ですが、鹿児島県は約五・〇％もあります（図表1参照）。値は小さいのですが、他県より生産性が優れているのです。この優れた部分をもう少し強くしていくことにより、他県の農業を鹿児島でカバーすることができれば鹿児島のポテンシャルとなり、将来プライスメーカーにもなれるかもしれないと考えています。

二〇〇五年度の農業総産出額は四一六八億円でしたが、北海道に次ぐ全国第二位でした（図表2参照）。そのなかには、全国一位の品目が八品目あり、これの組合せや、各々を強化することにより、市場占有率が高まる可能性があると考えています。

――株式会社伊藤園さんの「お～いお茶」の原材料茶葉は鹿児島県産と聞きました。

永田　伊藤園さん（注2）は、中国茶に頼りませんでした。最初からずっと鹿児島の茶葉を使っています。お蔭様で当行の取引先三社はフル生産です。ものすごい量の発注が来るんですよ。

農業総産出額は、一九九四年度には四三九二億円あって、全国四位でした（図表3参照）。それが、二〇〇五年度に四一六八億円と落ちているのですが、逆に全国二位になりました。全国的に出荷額が落ちているなかで、鹿児島は少しずつウェイトを増してきたのです。二〇〇二年頃から増えてきたのですが、当時はイモ焼酎ブームによる、イモの生産が増えたのです。また、畜産もこの頃から伸びています。

農業を中心にした地域への融資に向けて「審査法をどうすべきか」という模索が一九九七年か

図表１　産業構造の推移

名目総生産構成比（鹿児島県）　（単位：%）

	1997年度	2000年度	2003年度
第一次産業	5.9	4.9	5.0
農　業	4.5	3.8	4.1
林　業	0.4	0.2	0.2
水産業	1.0	0.9	0.7

名目総生産構成比（全国）　（単位：%）

	1997年度	2000年度	2003年度
第一次産業	5.9	5.9	5.9
農　業	5.9	5.9	5.9
林　業	5.9	5.9	5.9
水産業	5.9	5.9	5.9

出所：鹿児島銀行資料

図表２　鹿児島県　農業産出額　農業産出額：4,168 億円〈全国第２位〉

上位10品目

	品　目	金額(億円)	単品割合(%)	累計金額(億円)	累計割合(%)
1	肉用牛	778	19	778	19
2	豚	755	18	1,533	37
3	ブロイラー	424	10	1,957	47
4	米	253	6	2,210	53
5	茶（生葉）	217	5	2,427	58
6	鶏卵	212	5	2,639	63
7	カンショ	196	5	2,835	68
8	サトウキビ	103	2	2,938	70
9	バレイショ	88	2	3,026	73
10	粗茶	85	2	3,111	75
合　計		3,111	75	3,111	

全国１位の品目（８品目）

肉用牛、豚、カンショ、鶏ひな、ソラマメ、オクラ、タンカン、グラジオラス

全国２位の品目（10品目）

ブロイラー、茶（生茶、粗茶）、サトウキビ、鶏卵、サヤエンドウ、カボチャ、夏ミカン、ポンカン、キンカン

出所：鹿児島銀行資料

図表３　鹿児島県の農業生産額推移

年度	産出金額（億円）	全国順位
1994	4,392	4
95	4,335	4
96	4,235	4
97	4,210	4
98	4,213	4
99	4,103	4
2000	4,048	4
01	4,011	3
02	4,036	4
03	4,019	4
04	4,142	4
05	4,168	2

出所：鹿児島銀行資料

ら始まり、五年ほどの模索期間を経て、融資が本格化したのは二〇〇一年です。当時の私は審査部長で、「農業への融資を始めましょう」といったのですが、「農業はリスクがあるから」と一発で蹴られました。かなり議論を重ねたものです。

――二〇〇一年にはどんな融資先から始められたのですか。

永田　畜産です。まだ畑作はむずかしかったのです。いまでも畑作は少ないですね。

――農業分野で強い基盤をもつＪＡさんとはかかわりがあると思いますが、棲み分け等はあるのでしょうか。

永田　ＪＡさんとの棲み分けは、特に意識していませんし、積極的にかかわることもしていませんが、あるときＪＡさんが「農業法人と取引をしたい」と相談に来られました。「どういう農業を目指すのか」をきちんと話すべきだとお伝えしました。

いま、メガバンクをはじめいろいろな銀行が農業に力を入れてきています。それは、制度資金（注３）があるからです。しかし、制度資金は、農業という業種へ資金を出してリターンを得るという考え方なので、一件一件話し合いながら進めていくわれわれとは考え方が違います。農業は基幹産業ですから、基幹産業らしく国際競争力があるところまで引き上げていくのがわれわれの使命だという思いで進めております。

制度資金は、低生産性で後継者がいなくなるような農業を助長するもので、制度資金だけではなく農業資金と生活資金を混同させたものだと思います。われわれは一件一件つくりあげていくので、担当者の苦労は計り知れないものがあるでしょう。

しかし、当行の担当者は非常に力をつけてきています。すべてがわかるわけではありませんが、同行訪問すると、聞くべきことや、どういう構築をすべきかをマスターしていて、より幅のある活動を行っています。

制度資金スキームのみのビジネスは、地域をどうするかとか、地域の主たる産業として他の業種にどう派生させていこうかという構想をもつものではありません。だから、私は「絶対まねはするな」といっています。「制度資金がこれだけ売れるのなら、当行も制度資金をやったら、融資が出るのではないか」「融資が伸びて楽になるのではないか」と行内でも一時期議論がありましたが、私は絶対に許しませんでした。

制度資金は「三〇〇〇万円使っていただけませんか」という話と同じです。「他はそれでいいが、うちは違うんだ、鹿児島は違うだろう」と、われわれはあくまでも競争力の強い、国際競争力のあるものをつくろうということを当初からいってきました。

これが、グローバル化なのです。農業だけは別という話はありえません。何があっても生きていける農業をつくる。鹿児島の農業がつぶれてしまうと、地域もつぶれてしまうことになるということです。だからこそ、グローバル化のなかで生きていくチャンスがあるし、そこに賭けているのです。その意味では、制度資金に頼っていては生き残れないと思っています。

2 健康への取組み

――地方は医療に対する銀行融資が多いようですが、永田頭取（当時）のお考えは他と違うと伺っています。医療に対する考え方をお聞かせください。

永田 高齢化社会を支えるのは医療です。今後の医療制度改革のなかで高齢社会への取組みを促さずに、ただ資金をつくるだけではいけません。何かあると「もう鹿児島ではよい病院がないから他の県に行こう」となってしまいます。

熊本と宮崎に大きな病院があるのですが、実は資金を出すまで、六カ月以上も検討したことがあります。「今後の医療制度はこうなります、それに対してどんな病院経営をしていかれますか」とヒアリングしながら評価していったのです。決して金利目的で融資したのではありませんし、簡単に融資したのでもありません。

当行では、メディカルの専門五名と、農業関係にも五名の専門スタッフが、図表4のように、アグリクラスターの充実のために働いています。

専門スタッフは、私が二〇〇五年一二月に発案し、技術がきちんとわかる人材として二〇〇七年四月から配置しています。畑作の評価に際してわれわれは畑作の経験があまりないので、技術がわかる人材を、県のOBから雇おうと考えて県に申し入れたのです。県は、農業試験場にいた方と農業改良普及員をながらくやってこられた方との二名を推薦してくれたのですが、私は迷いなく農業改良普及員の方を採用しました。現場を歩いてきたわれわれと一緒だからです。彼は今年六三歳（当時）です。

――技術面の目利きを活用されるところは、株式会社広島銀行（注4）に似ていますね。

永田　はい、来年も増員を考えています。再就職の道ができたと知事も喜んでくださいました。

図表４　農業関連への取組み方針

【経　　緯】

県農業法人協会への参加（事務局）
当行OBを通じた農林公庫との情報交換

第２次マスタープランにて「アグリクラスター構想」を構築
2004年 4月 …………農林漁業金融公庫と「業務協力協定」締結
鹿児島県庁農政部へ行員を派遣

2005年 4月 …………営業支援部にアグリビジネス専任担当者を２名配置し、より専門的な推進態勢を整備
地域密着型金融推進計画にてクラスター関連業種向け貸出金純増目標50億円

2006年 3月 …………純増118億円
地域密着型金融推進計画・
貸出金純増目標150億円に上方修正
2006年 9月 …………純増実績162億円
2006年11月 …………アグリビジネス専担グループを「アグリクラスター推進室」に独立昇格
2007年 3月 …………女性行員１名増員
純増実績191億円
2007年 4月 …………農業改良普及センターOB　１名増員
2007年 5月 …………元農林公庫職員１名増員

出所：鹿児島銀行資料

また、農林漁業金融公庫（当時）から、農業に直接かかわりたいと願っている方をスカウトし、採用もしています。このようにしながらスタッフを五名体制へとしていったのです。

専門スタッフはコンサルティングを行い、お互いが納得したうえで融資します。制度資金からみると苦労も多いのですが……。

近年農業に従事する方も、いろいろな研究会をつくり始めました。たとえば、鹿児島養豚研究会や、農業研修者の会があります。それらとの付き合いもあるので、スタッフは必要なのです。

――先の病院経営と農業のつながりはいかがでしょうか？　お医者さんも、農業をなさるのですか。

永田　はい、お医者さんも農業をなさっています。それと、知的障害者施設をもつ病院も結構多いので、知的障害者の方に技術指導を行い、農業に従事していただく取組みも行っています。

――知的障害のある方も農業ができるよう、手に職をつけるために患者さんが農業の従事者になるということですか。

永田　そうです。患者さんに農業を任せています。先日も、知的障害者施設の方たちに農業で働く場を提供したいという医療機関からの相談がありました。

――ヤマト運輸株式会社（注5）のようなお話ですね。また、オムロン株式会社のグループ企業のオムロン太陽株式会社（注6）では、ハンディーキャッパーの方々が働きやすい工場をつくられています。

永田　農業そのものが実はハンディーキャッパーといわれていましてね。高齢になると、人間は

図表５　アグリクラスター（農業・健康・環境・観光）

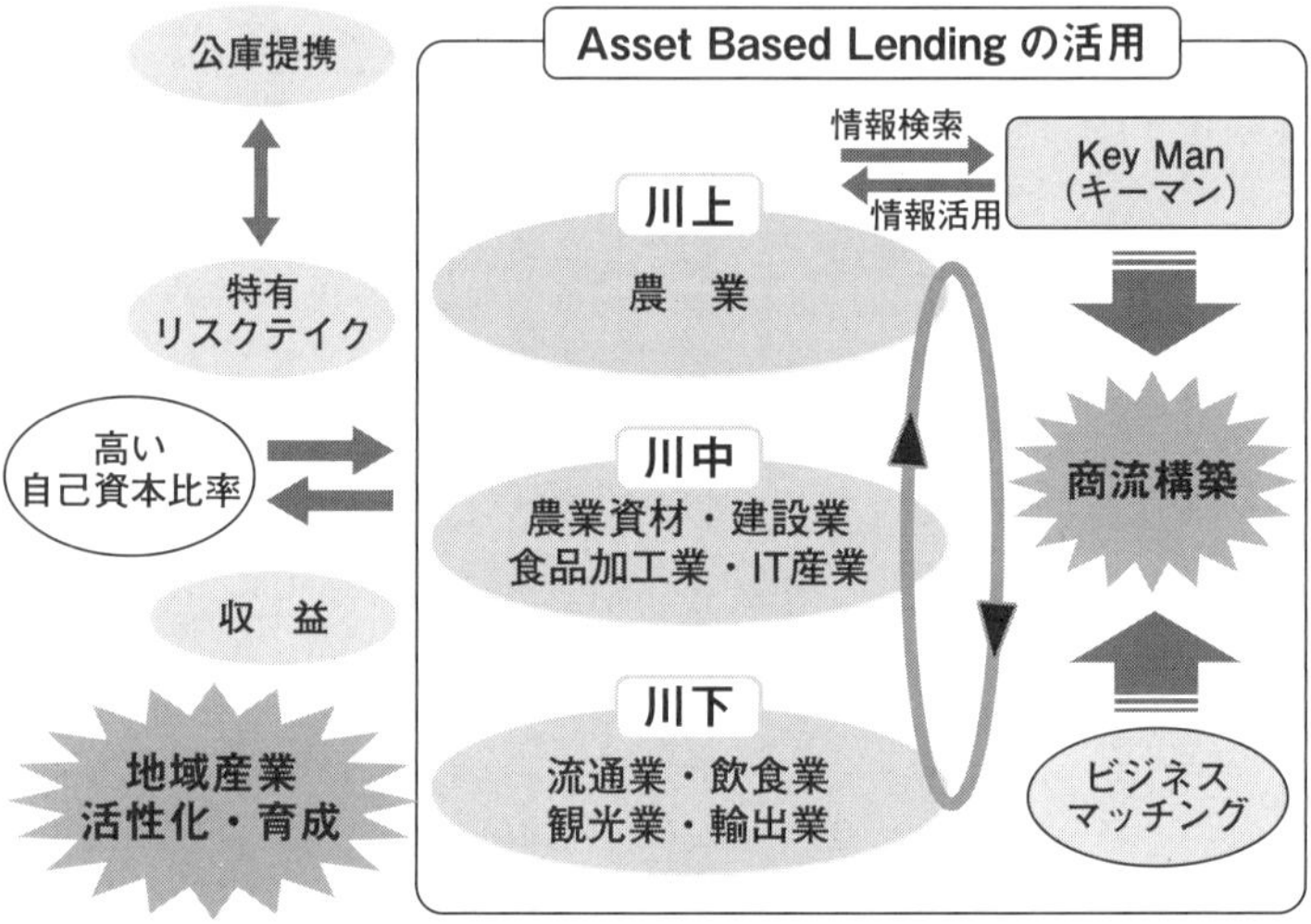

出所：鹿児島銀行資料

誰でも動きがにぶくなります。一人で農業をやっていても続かないのです。だから株式会社や会社法人化、あるいはみんなで一緒にやることにより、その方の役割が出てくるのです。「もう七〇歳を過ぎたので農業はきついからやめた」という方も、七五歳とか、八〇歳までできるのです。そのためには健康でなければいけない。だから医療にも力を入れているのです。ですから、農業、健康とを図表5に入れました。

農業経営者でなくてもいいんです。私も実は三〇～五〇ヘクタールのパイロットファームを三〇ほどつくりたいと思っています。そこではリスク軽減のために、多品目をつくりたいと思っています。

――多品目の農産物がとれるという意味では、長崎県はビワの生産高が全国一位、ジャガイモが二位、加工品ですと煮干が全国一位です。そのほかにも、イチゴ、アスパラ、ミニトマト、ニンジンなどさまざまなものをつくっていますね。

永田　鹿児島も一生懸命ですが、長崎の農業はとても活発です。

私は東京に行ったときに、大丸、三越、高島屋、伊勢丹、その他のデパ地下をみています。すると、鹿児島産よりもはるかに長崎産のものが多いことに気づきます。地理的ハンデは同じぐらいなのに、なぜだろうと感じているのです。

行内では、私がデパ地下をみろといっているものですから、いまでは、当行の行員が東京に出張の際には、デパ地下をみています。

3　環境への取組み

――多くの企業が環境問題対策に取り組まれていますが、アグリクラスター構想における環境についてのお考えをお聞かせください。

永田　近年、温室効果ガスによる温暖化が危惧されているのですが、私どもはこれをうたい込んで、二〇〇七年から環境問題に取り組むことを短期経営計画のなかに入れました。環境問題は、自社のCSRとして対応するのがほとんどですが、しかし、六月のIR発表会のときに東京で説明したのですが、私どもの取り組む環境問題は、アグリクラスター、特にアグリカルチャー（農業）にいちばん関係があると思っています。

植物には南限、北限というのがあります。気候変動により、南限が上がっていくと、これまでとれている作物がとれなくなることがあります。いま、鹿児島で主力商品である、たとえば、お茶がとれなくなれば大変です。このように農業産品に与える影響が大きくなるので、環境問題には気をつけようという考えです。われわれも屋上の緑化や、路面電車の線路を芝生で埋めるなど、率先して環境を守っています。

環境問題で重要なことの一つに、害虫の問題があります。南洋でしか発生しない生物が、（鹿児島まで）北上しているという問題があります。先だって、九州にはいないとされていたアフリカマイマイという、大型のカタツムリのような生物が、鹿児島でも発見されました。これによる家畜等への感染病の問題が怖いのです。鹿児島は畜産が盛んですからね。

このような生態系の変化は、農業問題の研究者は大変おそれています。実は害虫に気づく前から、奄美大島や沖縄でしかとれない魚が、鹿児島市近郊の海でとれ始めていたのです。これは大変だと思いました。感染病はまず海流から進入しますから。放っておくと、感染病の問題はすぐに広がります。だから、環境問題はしっかりとらえていかないといけないのです。

また、今後の取組みの一つに、太陽光発電を考えています。

鹿児島県が長年かかって造成していた人工島が、二〇〇七年、鹿児島市南部に完成しました。ある意味バブル崩壊後の公共事業対策です。同年九月末からは、大型の観光船が四隻寄港しています。

新しい取組みとして評価できるのは、人工島をすべて芝生にして環境問題に配慮していることです。

いまの日本では、太陽光発電の償却には一五年かかりますが、実は県に対して、「広大な人工島の一部に太陽光発電パネルを敷き並べて電力をつくって、九州電力に売電し、その収益で太陽光発電を導入する工場に対して補助金を出してはいかがですか」と提案したのです。「太陽光発電の設備資金を各企業に当行が融資し、当行に返済する分を補助金として支援すれば、太陽光発電は普及しますよ」という話です。知事は、「検討します」とおっしゃいました。

日本はドイツと比べると、電力会社が太陽光発電を買う価格はとても安いのです。二〇〇七年夏にハイリゲンダムでG8が開催されましたが、環境問題をきっかけにドイツでは、日本にも匹敵するほど太陽光発電の普及が進んだのです。それは、政府が電力会社に太陽光発電から出る自家発電を高く買うように義務づけたためでもあります。ドイツでは、投資して回収するのにかかる年数は五年なので、耐用期間が二〇年とすれば、一五年は企業として収益が見込めます。電力会社は発電を高く買うかわりに、電力設備にそんなに投資しなくてもよくなるのです。そういうことを地域と一緒にしていきたいと思っています。

実は当行の社外監査役の末吉竹二郎氏（国連環境計画・金融イニシアチブ 特別顧問）が、「石原都知事も同じような考えをもっていますよ」とおっしゃっていました。「まだ東京都は場所を探していますから、この計画は早くしたほうがいいですよ。日本では最初ですからね」と。今後も、知事や鹿児島市長に働きかけていくつもりです。

石油を使った自家発電も、こんなに原油価格が上がりますと、皆赤字です。風力発電ですと、発電機を建てるのも大変ですし、限りもあります。鳥の生態系に与える影響もありますので、最終的に太陽光しかないのです。だからこそ、早く取り組んだほうがいいのではないでしょうか。

――先日、東京モーターショーに行ってきました。そこでは将来の動力源として、トヨタ自動車株式会社さんは電気とエタノールを、本田技研工業株式会社さんは水素とセルロースを考えていました。

ホンダさんのセルロースは、たとえば米を刈った後の稲ワラをエネルギー源にするという考えですから、食料にまったく影響を与えないというものでした。

永田　トヨタさんのエタノールは、一〇年以上前から研究されていたようですね。でも、エタノールは、食物とトレードオフの関係にあるでしょう。つまり、環境というものは一体的にやらないといけない。だから、アグリクラスター構想の四要素のなかの一つに環境を掲げているのです。

4　観光への取組み

――本来、地域の活性化・街おこしで成功した事例は、その地域の歴史的蓄積（伝統工芸・技能）を活かしたものが多いと思います。その地域でしかできない何かがベースになって初めて、人を引きつける街や地域になるのだと考えます。繁栄する街は何か他にはない、すなわち人々が巡礼する「○○のメッカ」になる必要があるととらえているのですが、アグリクラスター構想における観光についてのお考えをお聞かせください。

永田　観光は、実はアグリクラスターの商流といちばん関係があり、五つの要素があると思っています。

一つは、風物です。鹿児島には、桜島、霧島、奄美大島、屋久島などなど、たくさんあります。二つ目は産物で、おもに食べ物として何がとれるかです。鹿児島は農業県ですから、鹿児島ならではの産物はたくさんありますが、まだ地域ブランド化されていないだけなのです。三つ目は、歴史です。鹿児島には島津家八〇〇年の歴史があります。四つ目は、温泉です。大分県に次ぐ、日本第二位の温泉の湧出量を誇っています。五つ目が交通アクセスです。従来から交通アクセスは駄目だったのですが、それは東京からみた話で、実は上海からみれば近いのです。東京と上海のど真ん中にあるのが鹿児島で、上海までは一時間一五分で行けます。

観光はリピーターが大切です。観光が風物だけであれば、「鹿児島はよかったね」と自分で撮ったＤＶＤやビデオをみたり写真があれば満足してしまいます。下手をすると、高齢者が増えるなか「わざわざ行かなくてよかったね」となってしまう世界です。

しかし、本物の観光とはそうではないのです。しばらく経ってから「あそこの食べ物はおいしかったね。じゃあ、もう一回行ってみようか」となれば、リピーターは来るのです。いまでも焼酎の蔵開きのときに毎年来る観光客が多いように、食べ物がリピーターを呼び寄せるのです。したがって、観光でいちばん大切なのはホスピタリティと食べ物だと思っています。

そして、農業、健康、環境、観光の四つで、アグリクラスター構想を支えていくのです。

5　商流構築・地域ブランド化

――「国際競争力のある農業へ」とのお話がありましたが、商流構築のためには海外展開も考えていらっしゃるのでしょうか。

永田　当行は、産物がどこで、どう売られているかを追跡できる「ＫｅｙＭａｎ（キーマン）」というシステムももっています。県内と国内、国外も追跡できるシステムです。このＫｅｙＭａｎで流れをきちんと把握し、観光にも結びつけたいと考えています。

要は、農業所得が増えてきて高齢者を雇ったときに、年金だけの生活者よりも可処分所得が高くなると思ったのです。北海道の農家一人当りの可処分所得は、全国勤労者平均の可処分所得よりも高いのです。われわれがねらうところは、まさにそこなのです。それによって、高齢者になっても働けて給与収入があるということは、可処分所得が増えるということですから、地域における消費が拡大し、地元経済を下支えすると思います。これが流通業対策です。

また、飲食・観光は県外客を呼び込みます。人工都市や大型ホテルなどをつくらなくてもいいのです。その代わりホスピタリティを築いてやるということです。儲けた金で自分のところをリニューアルしてきれいにするために、再投資するという流れです。

――鹿児島市の城山観光ホテルはホテル部門のランキングで毎年一位ですね。

永田　城山観光ホテルは食べ物が最高ですから、お客さんが来るのです。

――びっくりしましたね。あれだけメニューが豊富で、しかも、地場の食材で。

永田　某有名ホテルは完全に若者用に転換され、普通の宿泊専用ホテルと変わりません。田舎に来る、アグリツーリズムという考えがありますが、偏らなくて、もう少し広くみて、世界から飲食に来たり、観光に来たりするといいですね。だから、流通業、飲食業、観光業に農業を結びつけたいと思っているのです。

図表5で示した〝輸出業〟とは、上海市場を指しています。上海には、一八二〇万人が生活し

ています。蘇州、六二〇万人。無錫は、四六〇万人ほどでしょうか。蘇州や無錫は上海から一時間程度の距離です。

――杭州もありますね。

永田　杭州は、六七〇万人です。また、南京は上海から車で三時間強で、六〇〇万人規模の大都市です。そういった都市で、われわれが製品化を支援してきた食品加工品が、鹿児島の製品として流通するのです。まだ農業品目は輸入禁止になっていますが、いずれ農業も解禁されるでしょう。そのときに、一大国際市場になりますから、そこで太刀打ちできる農業を育てたいという思いです。

あるさつま揚げ製造業者の方が上海視察後、「上海にさつま揚げ工場をつくろう」と考え相談に来られました。安い労働力と原材料で展開したいというのです。そこで私は、「そういうことをしては駄目です。あなたがそんなことをしては、地元にお金は落ちません。上海で安売りでもされると、あなたのところのブランド自体が下がり、東京で売っているさつま揚げまでもが安くなってしまいます。鹿児島でつくって、きちんと輸出し、いまでは直行便が水曜日と土曜日に出ていますから、朝の直行便に載せればいいではないですか。一時間少々で到着するので、午後には上海のマーケットに流れますよ」と申し上げたのです。

輸出品というのは、農業、食品加工業を地域ブランドとして、これが日本の鹿児島の製品だといえば、上海は富裕層が日本より多いですから、結構高く売れるはずです。

――地域ブランドといえば、最近は宮崎県の話が出てきますが……。

永田　そうですね。しかし、日本の地域ブランド政策を少し履き違えていらっしゃると思う部分があります。たとえば宮崎の東国原さんの一生懸命さには頭が下がりますが、あれは私からいわせるとマーケティングです。いかに売るかということです。ところが、地域ブランドの根本は、品質を保ちながら、いかに高く、そして評価してもらうかというところにあるのです。そうしないと、国際競争には勝てません。日本の農業が衰退したのは、やはりグローバル競争に負けたからです。だから、グローバル競争に勝てるようなものをつくって、そこから出てくるものを地域ブランド化し、安売りはしないということが必要なのです。

――本田宗一郎さんの台詞で、「良品に国境なし」というのがありますね。

永田　まさに「良品に国境なし」です。重要なことは、その良品を、地域ブランド化していくということです。

そういう世界ができつつあるのです。われわれはいままで日本の西の端、南の端ということで、地理的に不利だと思ってきました。でも、私はいつもお客さんに、「ちょっと横に行くと、東京より四倍以上大きいマーケット（上海地区）がある。なぜそこで戦うことを考えないのか」といっているのです。

当行は、二〇〇七年七月に上海事務所を設置しました。スタッフには、私どもの商品をきちんと仕入れて、きちんと決済してくれるところを見つけろ、と指示しています。慌てることはありません。鹿児島の製品をこれだけ安く、たくさん売りましたということではなく、「地域ブランドの延長線で、アグリクラスターのなかでやっていくという価値を見つけてくれ、まじめな資本家を現地に見つけてくれ」と。

6　農業のIT化・大規模化・集約化

――先述のITによる融資支援システムKeyMan（キーマン）を活用し、迅速なビジネスマッチングが可能になられたことについて、もう少し詳しくお聞かせ願えますでしょうか。

永田　いま、農業のなかでのおもしろい現象として、M&Aが起こっています。一例として、非常にいい農業法人がありましたが、後継者となるお子さんがいないということで、われわれがM&Aをしました。

――それは農場を買うということですか。

永田　そうです。環境関連法によって簡単に農場はつくれません。ところが、すでにある農場は整備もされ恵まれています。したがって、新しくつくるよりも、すでにある農場を買ったほうが早いのです。そして生育途中の牛や豚などすべてを引き受けるのです。

この場合の価格算定は、多くの銀行のなかでもわれわれしかできません。ＩＴを使った農業を続けているからです。ＩＴを使って高品質のものをつくって、それを海外で競争できるようにしていく。それにより、国内でも高い評価を得て、プライスを自分たちが決めることができるのです。

ある焼酎などは、国税を通さなければ一五〇〇円少々ですが、東京では三万〜五万円します。値段は、その流通過程のなかでつけられているわけです。だから、私は、鹿児島は貧しさから脱却できる方法があるといっているのです。「酒税でとられるのだから、酒税を地域分権のなかで取り返せ」と。こちらがつくっているのに価格を決められ、国税に入れて税金となる。そして東京では一〇倍以上の値段になっている。こんな矛盾した話はありません。せめて払った国税の半分は、地方税として鹿児島県がとれるというかたちにするべきです。

——そういえば石原都知事が、都の税収を地方へ再分配するという政府の方針に対して、訴訟も辞さぬとおっしゃっていましたね。

永田　石原さんがおっしゃるのは当然なのです。自分たちの努力で人を集めて、人を東京に引きつけて、それで税収が多くなっているわけです。何もしないところに対し、地域格差を改善するというのはおかしい話です。地域格差というのは、デレギュレーションのなかでなくしていかなければいけないのです。

地域格差の問題は、中途半端な農業県が多いことによります。小泉さんが行った〝改革なくして成長なし〟の話になるのですが、農業分野は中途半端な規制がたくさん残っていて、地域格差の問題につながっています。規制緩和をきちんとすれば、たとえば北海道のように農家の一戸当りの可処分所得が、日本の勤労者平均より高くなりますと、後継者も出てきます。北海道の農業従事者の平均年齢は三〇代です。他県はほとんど六〇代ですから、後継者はいないということです。後継者がいないというのは、儲けられない業種だからです。研究開発の余地もないので、人がこないのです。北海道は、それがうまくいっているから、三〇代の後継者が出てきているのです。

――鹿児島県の農業従事者も、やはり六〇代が多いですか。

永田　だいぶ低くなってきています。それから、いま統計をとっているのですが、鹿児島に縁もゆかりもない都会のサラリーマンが脱サラして来られるケースが出てきました。近年成功されている方の多くが、東京でサラリーマンだった方です。

――鹿児島に戻られて、農地を借りて農業法人をつくられたのですか。

永田　そうです。特に、畜産関係の方は多いです。耕種については、いくつか目にみえない規制がありますので、なかなかむずかしいのが実情ですが、とにかく、規制は撤廃してもらいたいものです。鹿児島が生き残る道なのですから。

いまの農業は、いくらいいものをつくっても価格は一緒の護送船団方式です。「自分はいいものをつくっているのに、なぜこんなに評価が低いのか」と、われわれに相談に来られる農業法人の方もおられます。そういう考えが、われわれとの取引開始の動機になっています。

――それが国内の商流になっているわけですね。

永田　畜産の多くがそうです。図表6にあるように、この五年間で生産額が約一〇％増えましたが、畑や耕地栽培が駄目で、約六％減っています。先述のように日本の産物生産量としては上位三位以内が一八品目ありますが、付加価値がないのです。つまり、悪いものもよいものもすべて一緒の価格で売っているからです。

われわれはいま、それらを改革すべく、ＩＴ化を図り畑をすべて区分けし、番号、記号をつけ、「ここについては、今日は何をした。次の日はＢ地区に何をした」とトレーサビリティをとっていくことを考えています。それをデータに集積して生産管理を行う。それにより、作物は、どのくらい経てばどのくらいの値段、何日経てば出荷できるということがわかってきます。出荷額は市場で常に調べておけば、「この一角の区画の、在庫はいくらで、時価換算がいくらか」がわかってきます。そして、それに対して融資できるのです。

畜産ではすでにそうしています。東京の市場のデータをみて、取引のあるすべての畜産法人の在庫価格は、インターネットにより把握しています。在庫価格として一五億円あるならば、

図表６　産業連関文責による生産波及効果

（単位：百万円）

主な関連業種		パターン①　畜産業で10億円の最終需要増加		パターン②　耕種農業で10億円の最終需要増加	
		最終需要増加額	生産波及効果	最終需要増加額	生産波及効果
川上	畜産	1,000	1,087		5
川上	耕種農業		106	1,000	1,020
川上	農業サービス		70		18
川中	食料品・飲料		35		5
川中	飼料・肥料関連		307		36
川中	建設		11		7
川下	商業		72		50
川下	金融		66		46
川下	輸送関連		109		55
川下	飲食・観光関連		16		11
その他業種			159		113
合計		1,000	2,038	1,000	1,366

※生産波及効果は第二次間接効果までの合計値

● おもな関連業種（川上・川中）の産出額または出荷額（2000年および2006年）

	2000年		2006年
畜産業	2,168億円	→	2,386億円（＋10.1%）
耕種農業	1,808億円	→	1,696億円（−6.2%）

	2000年		2006年
食料品	5,406億円	→	5,433億円（＋0.5%）
飲料	3,331億円	→	3,910億円（＋17.4%）

出所：鹿児島銀行資料

一五億円融資したらいいではないかと判断するのです。以前は、担保（たとえば土地）をいただいていましたが、人里離れた牧場の土地の値段はないようなものですし、豚舎や牛舎など値はつかないですから。

――担保価値がないということですか。

永田　担保がいらないという話です（注7）。

しかし、農業法人にとっていちばん価値があるのは生産物です。牛であり、豚なのです。それを時価評価する仕組みをつくったのです。ＩＴを駆使し融資支援システムＫｅｙＭａｎがあったからこそできたことなのです。

日本の農業は、カロリー換算で自給率四〇％ですが、他の先進国はアメリカもフランスも食料自給率は一二〇％、ドイツが一〇〇％。イギリスは、三〇年前はいまの日本と同じ程度でしたが、いまでは六七～六八％になっています。農業が国家戦略のなかに入っているのです。政府買上米の価格を上げるとか補助金を出すとか、そんな補助行政ばかり強く、国家戦略に入っていないのは日本だけです。これでは、世界と競争しても勝てません。やはり今後の農業に大切なのはＩＴを使って生産効率を上げ品質管理を行い、規模が大きいが効率性の高い事業にすることでしょう。

いま、日本の農家が耕している作地面積は平均一・一ヘクタールです。北海道だけだと平均二〇ヘクタール程度です。北海道でたとえば五〇ヘクタールの農業をやるとするとトラクター一台ですみます。その他の地区は、一ヘクタールずつ五〇人が農地を所有しているとすると、五〇人が五〇人、すべてトラクターを保有している。そんな非効率な仕組みでは儲かりません。

そのなかで、金融業のあり方としては、規模の拡大が求められます。エコノミーオブスケール（規模の経済性）の考え方というわけです。規模を拡大するなかで効率性を求めますが、私は違います。私は、エコノミーオブスコープ（範囲の経済性）なのです。業務の範囲を広げていくのです。そのなかで農業を大切にする。と同時に健康、環境を大切にし、そのうえで観光を大切にするという考えです。ですから、商業銀行は農業にはいままで融資していなかったのですが、われわれは融資しているのです。

さらに、鹿児島だけではなく南九州として一体化しないと、上海地区の需要は賄えないと思っています。たとえば、宮崎とは産業構造が一緒ですし、つくっているものも同じです。だから、宮崎地区でもアグリクラスターを実施しているのです。

――一部は薩摩の支藩、佐土原藩（注8）ですしね（笑）。

永田　宮崎地区の、当行融資は年率二〇％で伸びています。

その地域の特性にあわせたものをやっていけばいいと思っています。これをつくりあげますと、他行が来ても全然怖くないのです。この商流をきちんとつかんでおけば、二次産業、三次産業も、当行からは他行に行ったりしないと思います。ここをきっちり押さえておくのです。

7　産業連関分析

――日頃から市場調査や産業連関分析もなさるとお聞きしましたが。

永田　県の統計資料をもとに、行内で「これを分析して産業連関表をつくってみろ」と指示し作成したのですが、畜産や農業が飲食・観光関連に跳ね返っていないのがわかりました。鹿児島の黒豚や黒牛はおいしくても、それが飲食と観光関連に跳ね返っていないのです。

――一〇億円の需要増加に対して、全体で二〇億円、飲食・観光では、一六〇〇万円の影響しかありませんね（図表6参照）。

永田　観光産業と農業とがマッチングしていないのです。県の政策に連続性がないためだと思います。たとえば農政課は農政のことを、商工観光労働部は観光客を増やすことだけを考えているから、結びついていかないのです。

鹿児島県は二〇〇四年度の例でいうと、歳出が約八五〇〇億円あり、その二割近くは、治山治水や農業に関するものです。このうち純粋な農業予算は約九五〇億円ですが、九五〇億円に限っても、返ってくる税収は七億円しかないのです。一％ないのです。

――あまりよくない投資効率ですね。

永田　県は統計資料をつくっているのですが、産業連関分析をしていないからわからないのです。政策の連続性がなくなっているのです。

産業連関表は、ことわざの「風が吹けば桶屋が儲かる」を表したものです。西洋では近代経済学などで五〇年ほど前からある分析法ですが、日本人のわれわれの先祖は江戸時代にはもう気がついていたのです。これを鹿児島で活かさない手はないでしょう。そして、自分たちでどう結びつけていくかという努力をしなければいけない。そのためのお手伝いを「われわれが地場の銀行としてやりますよ」といっているのです。

畜産業はこの五年間で、生産高は一〇％伸びました。これは、やった甲斐があったと思っていますが、まだ手をつけていない耕種農業は、五年間で六％以上生産高が減少しました。つまりは、廃棄農地が増えているということなのです。これは耕種地区、耕種農業がいかに儲けられないか、きつい作業かということです。これをＩＴ化により効率性を高め、品質を高め、国際競争力をつけて、付加価値を出せる産業にしていく。そして、後継者づくりをしていくつもりです。

――あまり未来のみえない事業だと、跡継ぎが出ませんよね。

永田　ですから、銀行というビジネスのなかで結びつけることによって新しい資金需要を見つけるということを進めているのです。いまある産業に、使わないのに「お金を使ってください」とお願いするのではなくて、「ここところことで、こういうことをやっていくと、波及効果が期待できますよ、設備投資をしませんか」という話をするのです。

本来、地方銀行はそうあるべきだと思っています。地域を有機的に結合させる。地域がもつポテンシャルを十分に発揮させ、経済成長をし、地域が豊かになる過程で地方銀行も収益をあげていく。身勝手に自分たちの収益をあげるために「資金を使ってください」といっても、受け入れられないし、地域が駄目になってしまいます。

私は国際競争力のある農産物で将来、上海地区で取引したいと思っています。

先述のように、国際市場で打ち勝つ農業なんて、いまはできません。しかし、わずか九〇〇キロ先に約一八〇〇万人の市場がある。南京まで含めれば約四〇〇〇万人です。

だからこそ東京の四倍以上の市場で、国際競争に勝つための農業が必要なのです。われわれはそういう農業をつくりたいのです。農業を輸出産業に育てたいのです。

――地域経済の発展については、本来地方自治体が第一に考えるべき領域であり、あえて貴行のように積極的に提言し、自らも行動するというのは地域金融機関のなかで特別にみえます。

8　アグリビジネスの今後の方向性

永田　図表7、8、9に、アグリビジネスの今後の方向性を示しています。

――この「脱・系統」というのはどういうことですか。

図表７　アグリビジネスへの取組み
～今後の方向性～

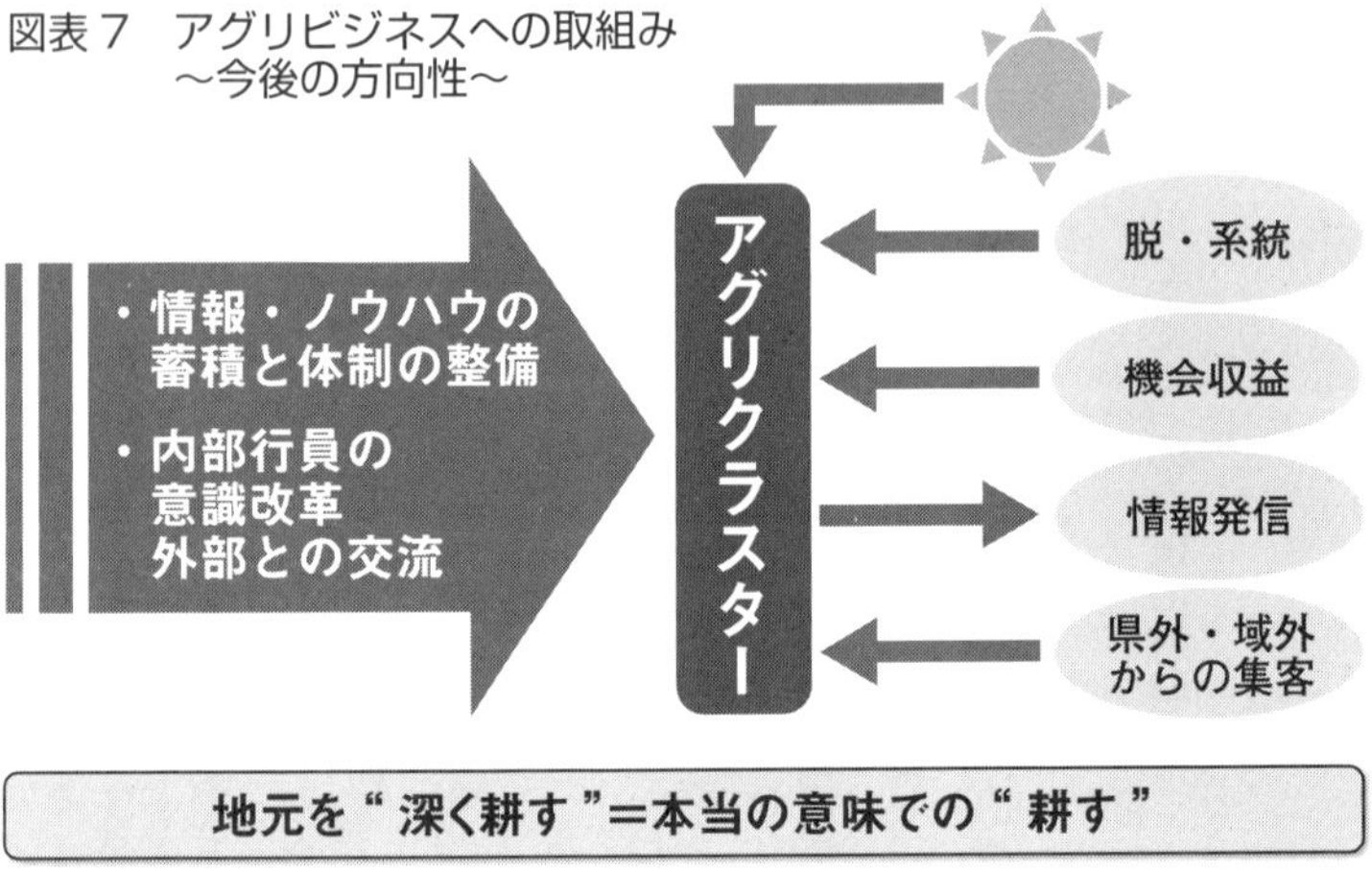

出所：鹿児島銀行資料

図表８　アグリビジネスへの取組み（１）

基幹産業としての農業の確立

経営としての農業

・機械化による生産効率の追求
・IT化による生産技術の向上・安定性の確保
・プロダクトアウトからマーケットインへ
・サプライチェーンの一貫性の確保
・多品目経営によるリスクの平準化

地域経済の活性化（経済規模の維持・拡大）

・雇用の創設（高齢者・Ｉターン・Ｕターン）
・農業所得増加による個人消費の下支え
・地域特性を活かした観光事業の創設
・農業生産物の輸出
・食品加工工場の誘致

出所：鹿児島銀行資料

図表9　アグリビジネスへの取組み（2）

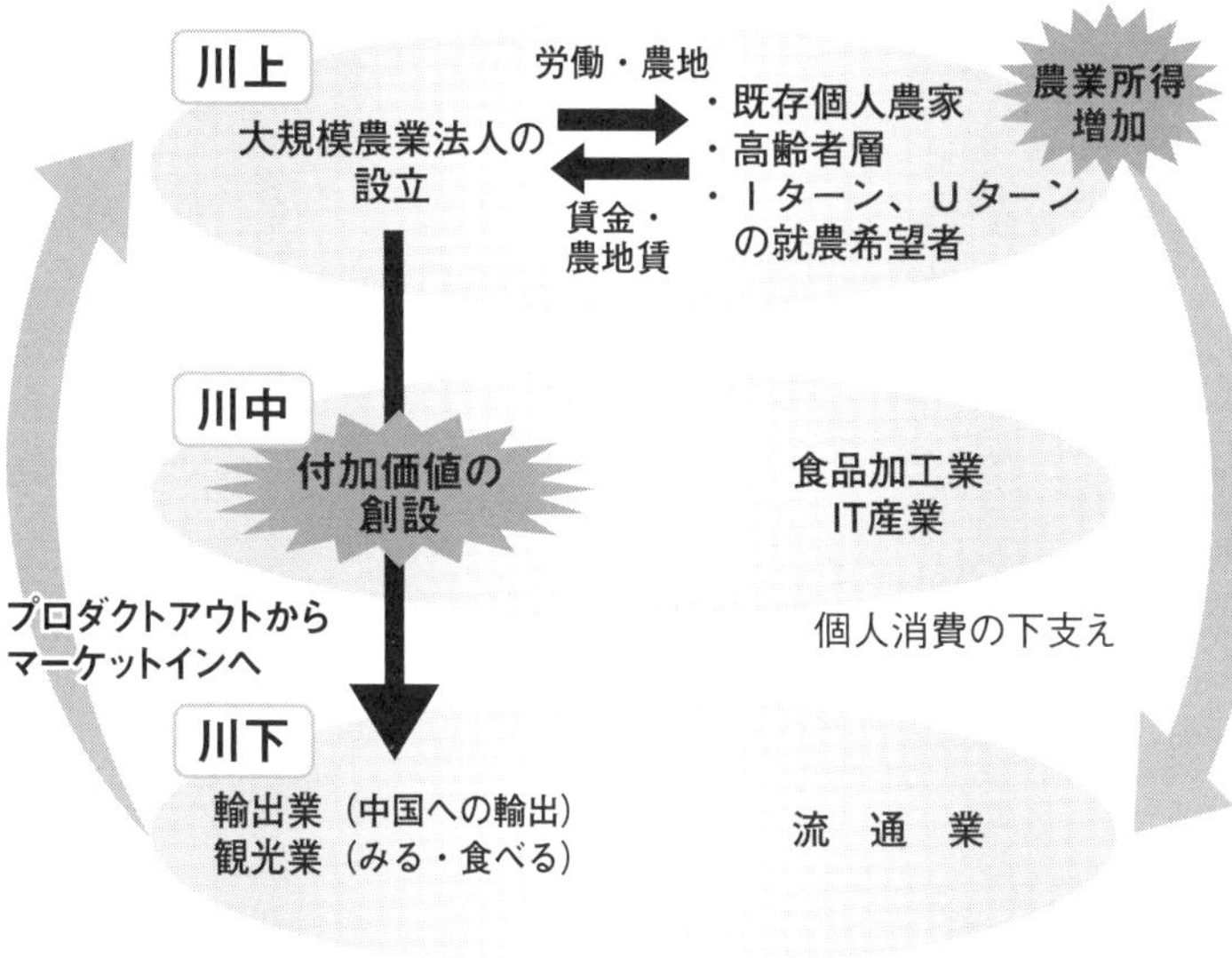

出所：鹿児島銀行資料

永田　「脱・系統」とは、「ノー系統」という意味で、お客様が私どもの融資窓口に自発的に来られるという意味なのです。

「脱・系統」をあげる理由は、三つあります。第一は農協における単一価格です。普通、商品というのは、優れたものと悪いものがあれば、優れたほうによい値段がつくでしょう。しかし、護送船団方式なのでよいものをつくってもよい値段がつかないのです。お客様にしてみれば、自分はこんなに努力しているのに値段が一緒なことが不満なのです。だから、自由市場で商品を出したいのです。そして、われわれがよい値段で売れるところをビジネスとして紹介するということです。

第二は、いろいろと負担が多いことです。たとえば、飼料・肥料などは競争入札すれば民間会社では安くなるでしょう。

第三は、貸出金利がすべて一緒だということです。

——生産効率のよい生産者も、悪い生産者も、同じ金利で借入れが行われているのですね。

永田　まったくの護送船団方式です。だからこそ、自分できちんとやりたいという方々は活路を求めて来られるのです。民間金融の世界にいままでは受け皿がなかったのです。

やはり、機会収益をお客様はねらいたいのです。われわれはそれに対し情報発信していく。そのなかで当行では図表8に示したことを進めているのです。

これは、基幹産業としての農業をどう育てるかという視点から書いています。今後の方向性は、農業を経営として展開していきたいのです。そして、その先にある第二次・第三次産業を、きちんと育てなければならないと思っています。

図表8の下側は、地域経済を活性化し、少子高齢化が進むなかで、経済規模の維持と拡大を図ろうということを示しています。

生産年齢人口は六四歳までですから、それ以降は年金の世代です。しかし農業は健康であれば八〇歳でもできますし、給与収入も入るのですから。

――図表8にある、「サプライチェーンの一貫性の確保」というのはどういうことですか。

永田　供給を行っていくなかでマーケットをきちんと押さえて、それを一貫的、そして安定的に供給する体制をつくろうということです。

――今年だけではなく、また三品目なら三品目を徹底して続けるということですか。

永田　そうです。ある品目で品質がよいのなら、それがずっと連鎖して、品質を上げていけば、サプライヤーとして絶対に優位に立つという考えです。

農業を産業として育てていくときに中核をなすのがＩＴであり、われわれがいちばん得意とするところです。ＩＴの技術をもち、畜産からはじめ、ちょうどトレーサビリティの問題が畜産で出たものですから、ＩＴの活用法を当行行員が指導していき、そのデータを審査資料としたのです。

――なるほど。農業を見抜く目が求められますね。農業部員の方は毎日切磋琢磨、農業を見抜く目を養っているのでしょうが、今後、そういった人材をいかに育てていくかも重要ですね。

永田　お客様のところへ行くときは、必ず営業店の人材が同行します。そして実地研修するのです。また、営業店からトレーニーを受け入れたりもしています。アグリクラスター研修も受けたい受けたいと、女性行員が割と手をあげますよ。

――学生からの人気もあると伺っています。

永田　そうですね。採用試験では、みんなアグリクラスター構想のことをよく知っていたと聞いて、びっくりしました。

――景気がよくなると、都市部の金融機関は就職率が高くなり、地方は厳しくなるといわれますが、鹿児島銀行はそうではないのですね。

9　地域活性の将来像

――従来の銀行業務から一歩踏み込んだ事業創造支援や再生支援など、産業構造レベルでの思考と行動をとられていますが、地域金融機関は今後どのように変わっていくか、また、変わるべきかについて、お考えをお聞かせください。

永田　地域活性化については、農業所得増加による個人消費の下支えが地域経済を縮小させないと考えています。さらには雇用の創出も同様です。

図表9に示すように、今後の方向性として、川上・川中・川下の要素をどうつなぐかが課題です。農業所得が増えると個人消費が増加するので、地域経済の活性化ができます。そして農業で蓄えた力を、輸出業や観光業まできちんと育てていこうということを表しています。

中央の「付加価値の創設」とは食品加工業です。農業だけではやはり上乗せ利益が出ないので、食品加工業を育てていく。そして、付加価値を上げるもう一つの手段としてＩＴを活用する

図表10　「地域」の将来像とそれに向けた当行の対応

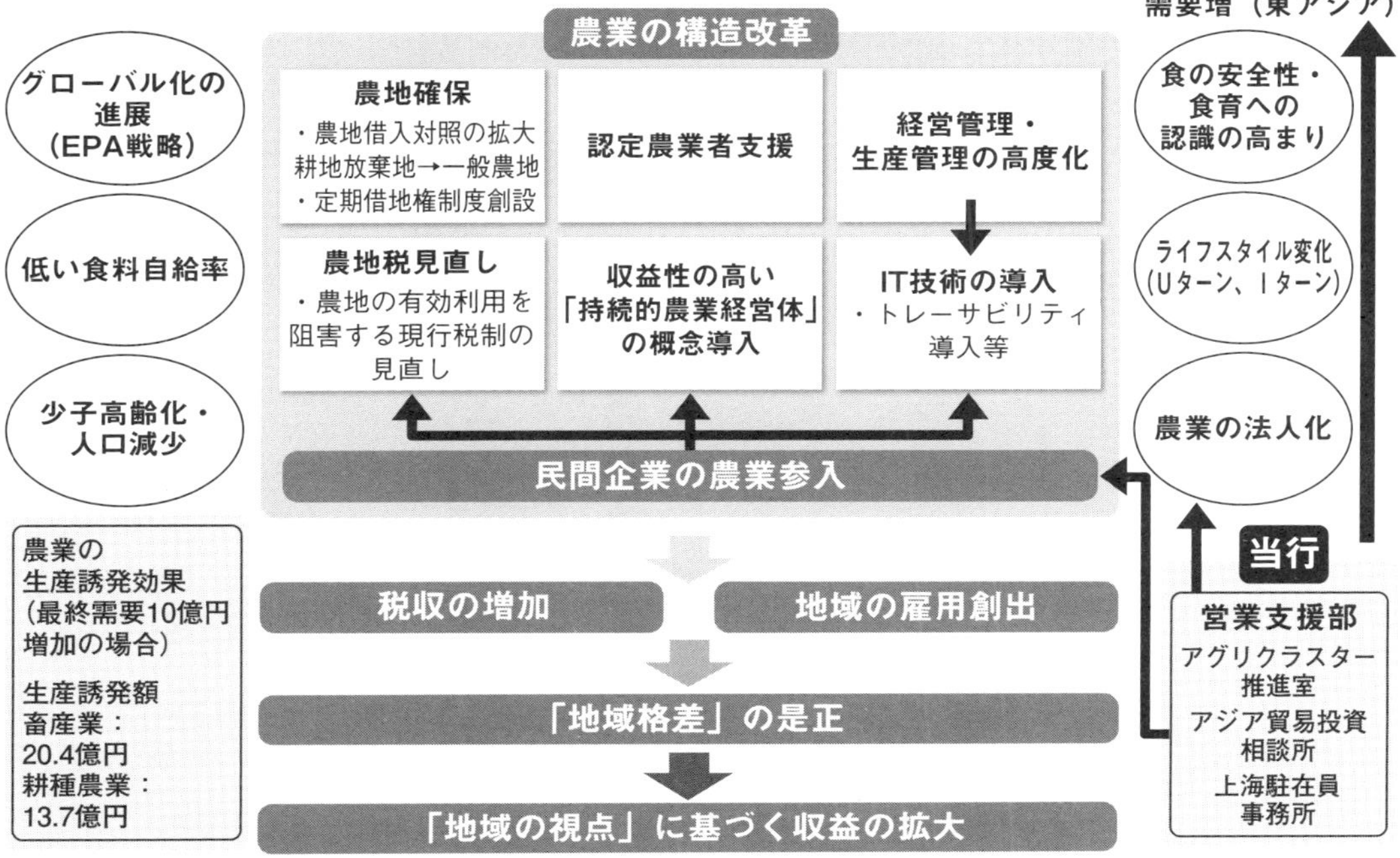
グローバル化の進展（EPA戦略）
低い食料自給率
少子高齢化・人口減少
農業の構造改革
農地確保
・農地借入対照の拡大
耕地放棄地→一般農地
・定期借地権制度創設
認定農業者支援
経営管理・生産管理の高度化
農地税見直し
・農地の有効利用を阻害する現行税制の見直し
収益性の高い「持続的農業経営体」の概念導入
IT技術の導入
・トレーサビリティ導入等
民間企業の農業参入
農業の生産誘発効果（最終需要10億円増加の場合）
生産誘発額
畜産業：20.4億円
耕種農業：13.7億円
税収の増加
地域の雇用創出
「地域格差」の是正
「地域の視点」に基づく収益の拡大
わが国農産物の需要増（東アジア）
食の安全性・食育への認識の高まり
ライフスタイル変化（Uターン、Iターン）
農業の法人化
当行
営業支援部
アグリクラスター推進室
アジア貿易投資相談所
上海駐在員事務所

出所：鹿児島銀行資料

ということです。

地域の将来像と、今後農業が必要とするものは何かを、図表10にまとめました。実は、これは経済財政諮問会議の丹羽宇一郎さん（当時）におみせしたのですが、丹羽さんから、「大規模化」についいては多くの意見をいただきました。

その一つが、農地借入期間の拡大です。農地の借地期間は現在六年なのですが、三年間土壌改良をして、三年後に投資額を回収できるはずがありません。これが農業法人の参入障壁になっているのです。したがって、「事業借地権のように二〇年や二五年は認めてください」とお願いしました。

また、農地は休耕地にしたほうが税金を安くできるのです。だから休耕地が増えます。そこで、休耕地にしたら税金を上げる、逆に借地に出したら税金を安くしてはどうかと。それによって休耕地や廃棄農地がまた生き返るのだから、そこは税制を優遇してくださいと。

――逆ではないか、ということですね。

永田　大規模化、担い手化、付加価値化を進めていけば、民間企業は参入します。そして、地域税収の増収というのは、先述の鹿児島県の税収七億円のなかでも、当行のお取引先の農業法人が、相当負担しているのではないかと思います。農業従事者は払っていないのです。したがって、税収の増加は、現実、農家からはほとんど上がっていないのです。国も地方もそうです。鹿児島県も税収が増えればいろいろなことができます。そして、地域で雇用が創出できます。そうすると、地域格差は生まれないのです。地域格差が是正できるのです。

――これまでの認定農業者支援とはどういう意味ですか。担い手育成の認定というのは。

永田　担い手農業といい、農業しかしておらず、一定規模の農業をやるのであれば、補助金で支援しようという制度です。二〇〇五年に農業政策が大きく変わったのですが、そのなかの一つです。農業専従者、いわゆる専業農家、あるいは専業法人をサポートしていく制度です。

二〇〇六年から補助金も農業法人主体になり、従来のばらまき型ではなくなっていますが、今後はわかりません。でも、地域格差は、何もしなかったから拡大したのです。小泉内閣の構造改革のなかで、農業関係も規制緩和すればよかったのです。

構造問題、構造変化が起きているのです。少子高齢化により農業が駄目になったのです。しかし高齢者がこれからも農業を続けていくために、農業法人や集団で行える制度をつくればよかったのです。

ところが、農業をやりたいという人や企業が申し込みますと、農地の決定権を地方の農業委員会がもっているのですが、生産性の高い農業をやりたいと思っても、想定外の条件の土地を紹介されてしまうといった問題もあるのです。

繰り返しになりますが、鹿児島県の純粋な農業予算は九五〇億円です。返ってくる税収は七億円もないのです。リターンが一％もない世界です。そうなると、生活保護世帯に生活手当をやっているようなものです。生産に結びつかないのです。だから、やれそうなところは規制緩和し、所得を上げさせて、きちんとした税収でとらなければ駄目です。それが地域格差の一つの原因になっています。農業が強くなくて、農業からとれる税収が入らない。その代わり、農業にはたくさん金を使っている。それがやはり地域格差につながっています。

商業銀行が、農業に出るのは本当に不安でした。ただ、当行は幸い、高い自己資本比率をもっていますから、強いところを強くするためにリスクをとろうということで進めました。農業はリスクが高いということです。生産資金などで一律三〇〇〇万円まで、無担保・無保証で融資しますということであれば、生活金融か農業金融かわからない資金になってしまいます。そうすると不良債権をたくさん抱えることになり、また農業も強くならないのです。だからこそわれわれは一軒一軒話合いで、農業経営はどうされるのかと、ひざを突き合わせて、高い国際競争力のある、グローバルな経済社会で勝てる農業を育てることを進めています。「それまでのリスクは、当行がすべてとりますよ」というかたちで進めています。

農業、特に畜産業は、工業と同じです。小さいときからＩＴで管理し、食肉にするまですべてＩＴ管理です。つくっているのが肉か工場製品かだけの違いです。そのぐらい計数管理を始めています。われわれがずっと指導してきたからです。この点は日本は進んでいますから、海外に出しても勝てます。

建設業の方にもいっているのですが、鹿児島のどこでとれたものでも、一時間以内に空港へ着くような高速道路網をつくらないといけないと。地方にはお金がないのでむずかしい話ですが、きちんと税収が入ってくれば可能です。建設業も恩恵を受けます。これが、地域でお金を回すということです。

規制が緩和されると、地域の視点に基づいてわれわれは収益をあげられる。地方銀行としての本来の、地方に役立った報酬として収益をあげることができます。われわれのビジネスも、お客様があってこそのビジネスです。お客様の満足のうえで収益をあげる。お客様が満足するためには、やはりお客様の収益がよくなる方向でないと駄目なのです。やはり、お互いによかったという関係をつくらなければなりません。

——いまのお話を伺っていると、もう銀行という雰囲気はまったくないですね、投資家というより事業家というイメージが。

永田　本来、地方銀行はそうあるべきなのです（注9）。メガバンクは世界を相手にして、どこかで収益源を見つけていけばいいのです。自分たちのリスクとリターンの関係で。

しかし地方銀行は地域をよくし、ポテンシャルを引き出すという銀行業務の政策をつくっていかないと、自分たちに跳ね返ってこないのです。少子高齢化だから、しぼんでいくだけですよ。

構造改革によって地方が駄目になるのではなくて、少子高齢化で駄目になるのですから。少子化のなかでも、働く場所がないということで、鹿児島から都会に大勢出て行っています。しかし、「農業はサラリーマンよりもはるかに儲かる、収益性がよい」となれば、みんな帰ってきて始めますよ。

それで農業所得が上がっていけば、消費が活発になるので、地域の流通業というものが安泰になり、そこからまた税収が上がるわけです。よい方向に回るのに、規制が駄目にしているのですよね。そういうもの（地域の商流活性化）は、規制ではどうにもできないのです。

金融業はリスクをとらないといけません。だから、当行は自己資本比率一三・三八％と高いものを使っています。

10 保守性という原点

――一方で、貴行の現在の財務体質を支えるものとして、保守主義的な価値観があると考えます。「銀行の本質は時世に左右されない保守主義にこそある」との大野芳雄会長（当時、日本経済新聞、一九九二年七月三日付）のご発言もありますが、多くの銀行が不動産関連融資などの楽観的拡大に走ったバブル期を通じ、堅実な保守主義を貫けたのはなぜでしょうか。

永田　二つの英断があったからというのが、私の解釈です。

一九九〇年は、バブル崩壊で株価が落ちても、他の銀行は「また来年の桜が咲く頃になれば、株価が戻る」と安心していました。当時営業本部長だった大野会長（当時）は、そのときに「都市部からのおかしな融資はすべて引き上げろ」といったのです。実需に基づかない融資を全部引き上げろと。

東京や大阪の支店では大きな反対もありましたが、六〇〇〇億円以上引き上げました。早かったからよかったのです。一九九〇年一一月頃の話です。

――ピークから落ちて一年以内ですね。

永田　当時、私は審査課長で、びっくりしましたよ。それがあったからこそ自己資本比率がよいのです。その後も赤字を出さず、黒字で来れたのは、それらを積み上げた結果なのです。だから今度は地方に、地域に返そうということなのです。

――リレーションシップバンキングそのものですね。資本の意味を、よく理解されているからですね。昨今、経営者でも資本の意味がわかっていない人が多いように思いますが。

永田　多いですよ。自己資本比率が高いのは、お客様にとってみれば「オレたちが払った利息で積み上げた」と思うわけです。

もう一つの英断は、バブル時代に、土地ころがし資金をほとんど融資しなかったことです。それを決断したのは、岩元さんという方です。私が仕えた、当時の審査部長です。あの頃、ある証券会社は「土地資金やゴルフ場の会員権を融資するための、今後の融資政策」なんていう話をしていましたが、岩元さんは「うちは事業に使う資金しか土地資金は融資しない」といいきったのです。「当行は、そういう方針でずっとやってきた。そういう血が審査部にはずっと流れているのだ。自分も若い頃そう習った。だから審査課長は、細かく審査しろ」と。

私も、土地資金を一〇〇〇万円からすべてチェックしました。これは投機資金じゃないか等々。営業店から報告書が大量に届き、審査に大忙しで大変だったのを覚えています。

大野会長（当時）、岩元さんの二人がいたから、不良債権を抱え込まずにすんだのです。

二〇〇六年、大野さんが会長になられた際に私に質問されました。「永田さん、全部引き上げろといった会議はいつでしたっけ？」と。「あれは一九九〇年一一月でしたよ」と答えました。

私は、正しい金融の道はこうあるべきだと思い、事あるごとに若い行員に伝えています。

この二つの英断があったから、いまの当行があるのです。それを大野会長（当時）は保守性と表現されますが、保守性というより、きちんとした考え方だと思います。

実際、革新家だからこそできたのではと思います。あの頃、私は日銀考査で「他の地銀は全部年二〇%以上融資が伸びているのに、どうして一二～一三%なのですか。もう少し都市で融資をしたらいいのでは」といわれたこともありました。それでも、われわれは「こんな土地資金は出しません」といったのです。

――これまで銀行の方にたくさんお目にかかりましたが、今日のような話は初めてです。いいお話を伺いました。本当にありがとうございました。

（注）

1 自然条件、後述の地球温暖化による新たな感染病、あるいは市況にさらされる等のリスクのこと。農業は、一般の金融機関から融資を受けることはむずかしいとされている。

2 伊藤園の緑茶飲料のこだわりは、「国産茶葉一〇〇％使用」にある。鹿児島県産茶葉一〇〇％使用の商品や、静岡県、京都府、埼玉県、宮城県産などの茶葉を使用した商品も取り揃えている。

3 二〇〇二年度に「農業経営者またはこれを目指している担い手にとってわかりやすく使いやすい資金に」というねらいで、農業制度資金の制度改正が行われた。農業経営の向上を目指すための前向きな農業経営改善関係資金と、これまでの負債を整理するための負債整理資金の二つに区分けされ、それまでの資金種類をわかりやすくした。また、貸付対象者はそれまで、「農業に従事する者」としておよそ二〇万円程度の販売を行っていればよかったが、認定農業者、認定就農者、エコファーマー、主業農業経営者（所得の半分以上が農業所得であるか二〇〇万円以上の農業所得がある者）となるなどの改正も行われた（出所：愛媛県八幡浜地方局農政普及課ホームページ）。

4 広島県では、自動車、造船、作業服製造が基幹産業である。広島銀行は、自動車においては、マツダのティア2、3（一次部品メーカーへの納入業者）を融資先にもち、バブル崩壊後も、融資先の技術を見極める目利きとして、マツダから社員を雇い入れ、技術はあるが販売力が弱い融資先にビジネスマッチングを試み、融資先の再生・成長を手がけたという話である。

5　ヤマト運輸は、二〇〇四年一〇月から、障害者施設や小規模作業所による「クロネコメール便」配達事業を行っている。障害者施設や作業所を契約主体とし、ヤマト運輸のメール便配達業務を新しい就労の場として提供している。配達業務の内容や一冊当りの配達委託単価（賃金）は個人契約のメール便配達員と同じにし、障害者の地域との共生を支援している。

6　オムロン太陽は、社会福祉法人「太陽の家」とオムロンの合弁会社として一九七二年に設立された。個々のハンディーキャップに適応した人材配置と設備の工夫で補い、安全で質の高い生産ラインになっている。生産されるおもな製品は、産業用のパワーリレーに使用

図表a　会計の制度変化

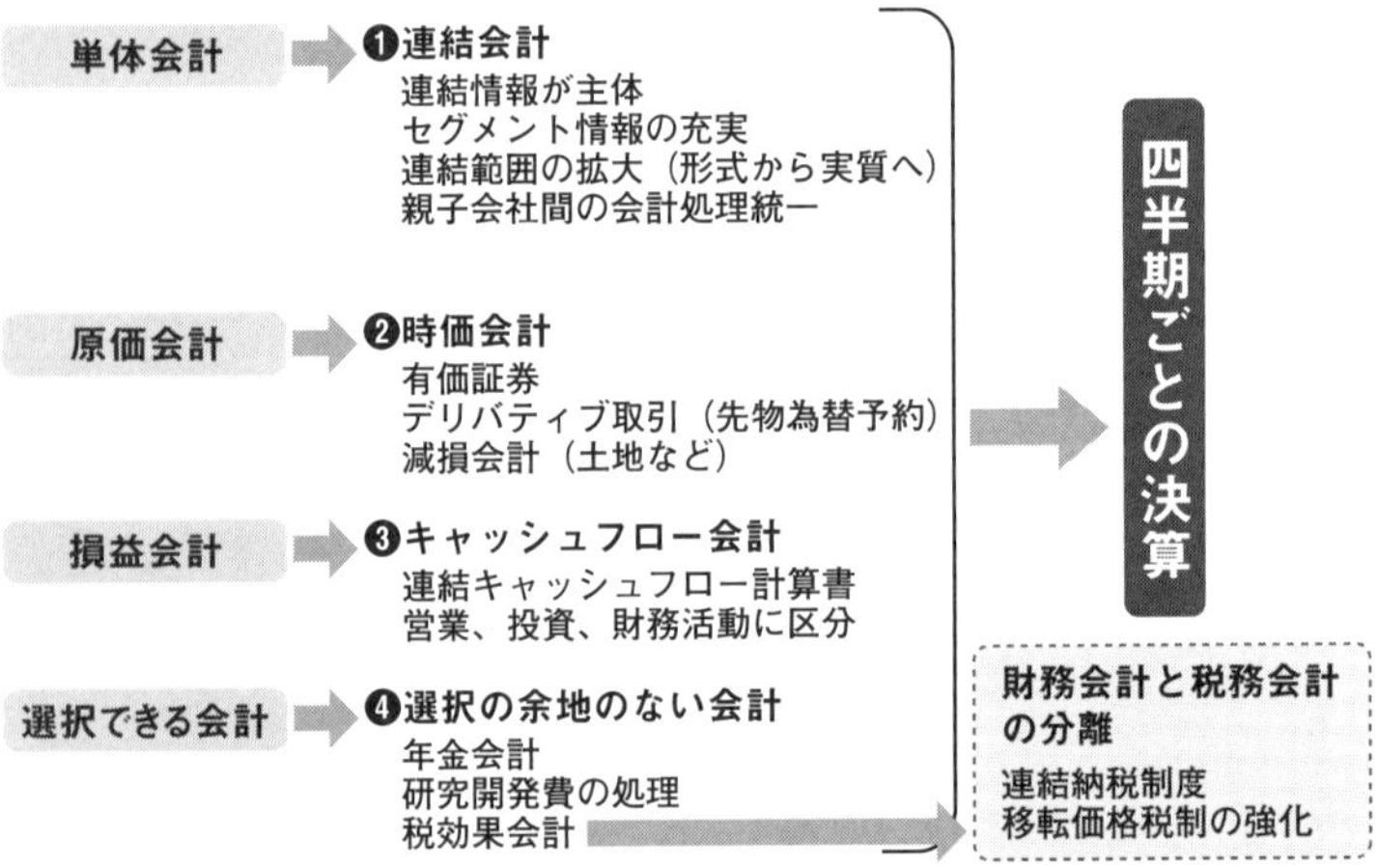

出所：鹿児島銀行資料

するソケット。

7
以前は、動産の時価評価ができなかったため、不動産担保が必要であった。それが、鹿児島銀行の融資支援システムＫｅｙＭａｎと、目利きが育ったおかげで、畜産業の時価会計ができるようになったのである。会計の四つの制度上の変化の一つに時価会計、そのほかに、連結会計、退職金などの選択できない会計、キャッシュフロー会計がある（図表ａ参照）。

8
鎌倉時代には、源頼朝から日向国地頭職に任命された工藤祐経が佐土原（現宮崎県の南部）を支配し、工藤氏は姓を田島、伊東と変えながら支配体制を確立していった。その頃、鹿児島で勢力を伸ばしてきた島津氏と日向の支配をめぐって激しい戦いが繰り広げられ、徐々に島津氏が優勢となり、ついに伊東氏を豊後国（いまの大分県）へと追い払って、島津の支配が始まる。最初の佐土原城主は島津家久、次いでその子豊久と、島津の支配体制は整っていき、本家に当たる薩摩藩の支藩とみられていた。一六〇〇年に起きた関ヶ原の戦いでは石田三成方の西軍に与し、島津豊久は叔父である島津藩宗家島津義弘を救うため、身代わりとして戦死を遂げる。その後、江戸時代には幕府直轄領を経て島津以久が佐土原藩初代藩主に任命され、島津氏の支配が続く。明治維新時には、佐土原藩士が戊辰の役に参加し、遠く秋田県まで転戦をした記録が残っている（出所：宮崎市佐土原町合併特例区ホームページ）。

9
地方銀行における資本と、メガバンクにおける資本の違いは、〝資本は誰のもの〟かにある（図表ｂ参照）。金融機関には、メガバンク、地方銀行、信用金庫の三パターンある。メガバンクも地方銀行も、資本元は株主資本と内部留保によるものなので同じだが、メガバンクが最終的に株主利益を最優先にすればよいのに対し、地方銀行は株主に限らず地域活性化に貢献するものである必要がある。信用金庫は、地方銀行よりもさらに地域密着型のため、資本元は内部留保、最終的には資本を地域還元させるのが目的である。

なお、日本の損害保険の保険料収保（顧客が支払う保険料金から積立部分を除いた純粋な保険料の合計。一般企業の売上高に相当する）の六割は地域から、四割は企業・自動車ディーラーから成り立っている。つまり、損害保険においても、資本の地域還元がいかに重要かを意味している。

図表b　地域金融機関の資本は誰のもの？

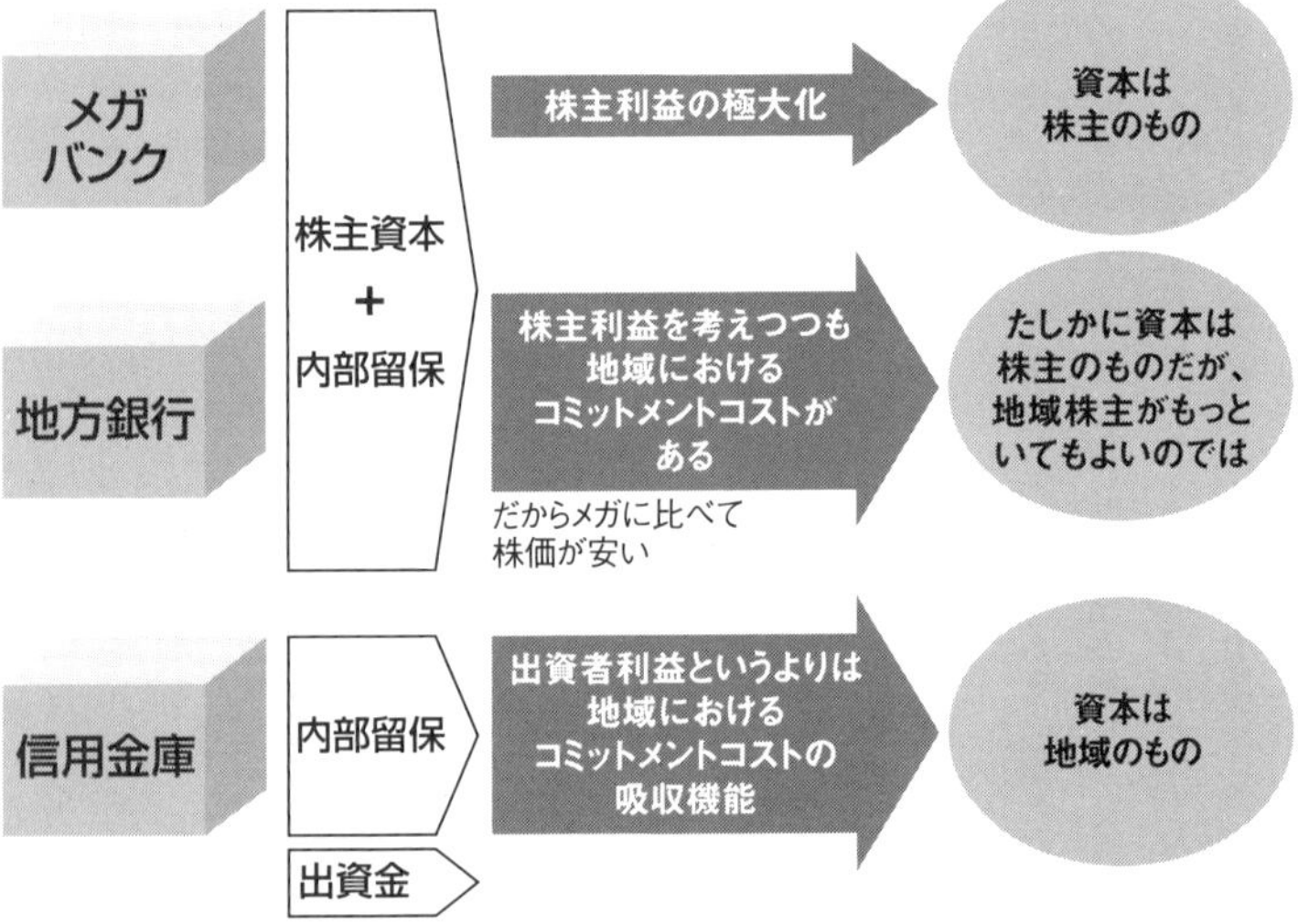

出所：多胡秀人『地域金融論』P.217

ホンダと私、大学改革と私

（二〇〇八年一月インタビュー）

【岩倉　信弥　氏　略歴】

一九三九年（昭和一四年）、和歌山県和歌山市生まれ。多摩美術大学の美術学部に進み、図案科立体デザインを専攻する。一九六四年（昭和三九年）に卒業後、本田技研工業株式会社に入社。本田技術研究所専務、本田技研工業常務取締役を歴任され、一九九九年（平成一一年）一一月に退社、現在同社社友。同年より多摩美術大学美術学部の客員教授に就任、二〇〇一年（平成一三年）に同大学の生産デザイン学科、プロダクトデザイン専攻の教授に就任。二〇一〇年（平成二二年）、同大学名誉教授。

多摩美術大学の理事・教授、ならびに本田技研工業の社友である岩倉氏は、本田宗一郎氏に見出され数多くの車のデザインを手がけられた。

対談の前半では、和歌山で養成工として三菱電機に入社したものの退社、多摩美大に入学して立体デザインを学んだ後、シビック、アコード、プレリュード、オデッセイなど数々のデザインを手がけられたホンダ時代のお話を伺った。後半では、母校であり現在教授を務められている、多摩美大の大学改革についてお話を伺った。

本田宗一郎氏に毎日のように「世界一か?」「世界初か?」と問いかけられてきたという岩倉氏は、多摩美大の改革に際し、「世界に通用する自立したプロダクトデザイナー」の育成を掲げられた。世界に通じるとは、異国や異人や異物という自分と違ったものとぶつかって、最終的に「真のお客さん」をみつけていくことなのである。

1　ホンダ入社のいきさつ

――一九六四年にホンダに入社された当時、スーパーカブC100のデザインにおける意匠権勝利のニュースが一躍ホンダを有名にしたものの、一般的にはまだ四輪車を発売したての新興企業にみえたのではないでしょうか。岩倉先生は、どうしてホンダに入社をされようと思われたのでしょうか。

岩倉　私の生まれは和歌山です。親父が戦死し、終戦後は生家の呉服屋を母親が女手一つで頑張って営んでいたのですが、私が小学校五年生の頃に体を壊してしまい、親戚や古株の店員さんらが支えてくれて、そのうちに「お前が後を継げ」といわれていました。

でもこの先呉服屋は、当時はどうみても、衣料品屋（洋品店など）の方向に変わっていくしかないだろうなと、私は感じていました。そこで裸一貫、いろいろなことをやりたいなと思い、中学卒業後は、勉強もでき技術も学べる養成工として三菱電機に入りました。

午前中は勉強、昼からは実習という毎日でしたが、一年して、やはりもっと勉強がしたいなと思い、桐蔭の夜間（青陵）高校に四年間行くことになったのですが、三年生になると、中学時代の同級生が高校を卒業し三菱電機に入社してきて、自分より上に立つわけです。「あいつが重宝がられるのか」との悔しい思いがあり、彼らを超えていくにはどうすべきかを考えました。その頃から、大学進学を意識し始めました。

そんななか、当時、日本に入ってきたばかりの「デザイン」という言葉を「美術手帳」という雑誌で知り、「デザインはおもしろそうだ、何だかよくわからないけど魅力的だな」と思って、反対もありましたが東京へ出てきたのです。

養成工時代、自分でいうのも何ですが成績がけっこうよかったので、工員ではなく設計部のほうに配属され図面を描いていました。そうしているうちに大学の試験日が近づき、東京の親戚のところに行くとうそをついて、会社を休んで受験に行ったのを覚えています。しかし東京だとお金がかかるし、和歌山の大学がいいかなと悩んでいるところに、たまたま三菱電機和歌山製作所の所長の息子さんが訪ねてきてくれました。彼は多摩美大に行っていて、私を探して来てくれたらしいのです。そして、私が建築デザインを希望していると知って、「剣持勇（注1）を知っているか。建築において、日本でいちばんの大家がいるから、建築を勉強したければ多摩美大に来い」というのです。気持ちが高まり、結局、東京へ行くことに決めました。

多摩美大の図案科に入った後、二年から立体デザインコースに進んだのですが、多摩美大には建築デザインコースはなくインテリアデザインしかないと聞いて、またそれが人の建てた家のなかをきれいにすることだというので、「そんなのは嫌だ」と思ったものです。それで、クイーンエリザベスのようなでっかい船をつくってみたいと思ったのですが、日本の造船は斜陽でこれも駄目でした。

そんな頃ちょうど、いろいろな国の乗用車が街を走り始め、自動車のデザインもいいなと思ったのが二年生の終わりの頃でした。当時、車の運転ができないのに車が好きだという仲間数人と、一日一〇〇台という競争をして一生懸命車の絵を描いていました。最初のうちは一日三〇台がやっとで、三カ月目ぐらいで何とか一〇〇台描けるようになりました。

そうしている間に担当の服部先生から、「同期がトヨタにいる。優秀なのがいたら寄こせといわれたからお前行ってこい」といわれました。その方は森本さんという、アートセンター（注2）に日本で最初に行った榮久庵さん（注3）の仲間の一人でした。そしてトヨタに先輩を訪ねていったのです。せっかく命懸けで（笑）、家族の反対を押し切って東京に出て勉強したのに、こんな田舎へ来て一生過ごすのは嫌だなと思い、帰りの電車のなかで悩んだ挙句、先生の推薦にもかかわらず断ることにしました。

――トヨタはその時は元町工場ですか。

岩倉　たしか、挙母《ころも》だったと思います。まだ東名も新幹線もない頃でした。先生には、「どこに行くにしろ、君には推薦状は書いてやらん」といって怒られました。それでも東京で仕事がしたかったので、いろいろと探してみました。

その頃の御三家は、トヨタ、日産、いすゞです。そんなところに、「ホンダ、自動車に進出」という記事が出ました。S360の排気量をアップし小型車にしたS500の写真を雑誌でみたのです。何かのモーター雑誌で、ホンダの創業者社長である本田宗一郎さんが赤い車に乗っている記事でした。

それをみて、いまでいう急成長のベンチャー企業が、オートバイレースで世界一となり、スーパーカブもヒットの会社が、今度は自動車をつくるというので、きっと楽しく仕事ができると思いました。

ところが待てども暮らせども、ホンダから募集が出ません。どうしても行きたかったので、当時ホンダの本社は八重洲にあったのですが、一人で出向き「受けさせてください」といったのです。しかし「うちは大学卒しかとらない」と断られました。「多摩美は大学ですよ」といっても「専門学校生はとらない」というのです。押し問答をしていても印象が悪くなるだろうと、とぼとぼ引き上げたのですが諦めきれず、帰り道の八重洲の大きな本屋に入り『大学便覧』を貸してくれ」と頼んだら、もちろん「そんなものは貸せません」といわれますよね。そこで、買ってもらったばかりの腕時計を差し出し、事情を話しました。

「それならわかった」と貸し出しの了承を得て時計を預け、もう一度本社へ戻り、「このとおり大学です」とみせたのです。そして「では願書を出しなさい」ということになり、受験することができました。二〇人ぐらい入社希望者が来ていましたが、何がよかったのか、なんと私一人だけ受かったのです。

実は、面接で私は駄目だと思ったのです。面接官の一人から「S600のデザインをどう思うか」と聞かれて、私は「あれはイギリスの『サンビーム』に似ています」といいました。「どこが似ているのだ」と聞かれて、「後ろ回りがこうこうで、口でいっても何ですから絵を描いてもいいですよ」と、生意気なことをいってしまったのです。

すると、面接官が真っ赤になって怒りだし、二〇分経っても面接が終わりませんでした。いまでもその光景は忘れずにいます。そうしたら、面接官の隣の方に「これだけうるさいというのは、知っている証拠だからいいじゃないか」といってもらえ、ようやく収まりました。後でわかったのですが、助け船を出してくれたのが白井研究所所長でした。

――本田宗一郎さんもお父様が最初鍛冶屋から自転車屋になられて、そこで購読していらっしゃった「輪業の世界」という月刊誌でアート商会の自動車修理工募集というのをご覧になり、自動車との接点をもたれましたね。もともと車や飛行機がお好きだったようですが、お父様が自転車屋を家業にせずに鍛冶屋のままだったら、アート商会との出会いもなかったことでしょう。

岩倉　自動車がやりたいと思っていても、宗一郎さんとS500の写真との出会いがなかったら多分駄目だったでしょうし、それ以前に私が養成工時代にどんなに成績がよくても、高学歴をもった人に追い抜かれるという嫌な経験をしていなければ、きっとトヨタに行っていたでしょうし、先生から薦められるままにしていたら、今日もなかったと思います。

2　自動車デザインの道へ

岩倉　最近よく聞く言葉に、セレンディピティ（serendipity）という言葉があります。セレンディップはいまのスリランカの旧国名で、一二～三世紀ぐらいの『セレンディップの三人の王子』というおとぎ話が一五〇〇年ぐらい経ってイギリスに伝わり、ホーレス・ウォルポールが学説にし、「セレンディップの如く」ということからセレンディピティといわれるようになりました。

一生懸命何かを探し求めていると、ふと偶然、探していたものではなく、別の「本当に探していたものはこれだ」というものに出会うことだそうです。ノーベル賞をとられる方々は必ずこうした体験をいわれ、直近では島津製作所の田中耕一さんがノーベル賞を受賞されたきっかけもそういうことだったと聞いています。

何か思い詰めて一つのことをしていると必ずチャンスはめぐってきて、たとえ目の前にチャンスがあっても通り過ぎる人もいますが、私の場合、捕まえてしまったのかもしれません。

そういうことで、自動車づくりにあこがれてホンダに入ったわけですが、実は当時、研究所の近くの工場でつくっていたのはＡＫ３６０という軽トラックだったのです。

――軽トラックというのは、藤澤武夫さんが、スポーツカーよりも安定して儲かる商品の製造を指示されたのですか。

岩倉　それは入社してからわかったのです。トラックしかつくっていなくて、「あのスポーツカーはどこでつくっているのですか」と聞きました。すると、浜松のほうで一日に何台か細々とつくっているらしいというのです。えらいところに入ってしまったなと思いました（笑）。

もう後には引けません。トラックとスポーツカーは、両極でしょう。それは夢と現実の両極端をみせてお客さんを引きつけようという戦略なんだと、自分自身を納得させる理由を一生懸命考えました。こんなに苦労して東京から出てきて、先生にトヨタを断ってまで来ているのに、自分の人生を間違えたというのでは、納得できませんから（笑）。

でも、悩む時間はありませんでした。毎日、毎日、入社した途端に残業、残業です。世界一のオートバイメーカーだというのに、最初に連れていかれた仕事場はほんの小さな部屋でした。そして自動車はつくっておらず「デザイン室はどこですか」と尋ねたぐらいで、室長に「ここがデザイン室だ」と怒られたものです（笑）。大学の先生は、アメリカに留学していたこともあって、よくデトロイトのデザイナーの様子などをスライドでみせてくれていたので、私なりにデザイン室のイメージをもっていたのですが、ホンダでは倉庫のような小さい部屋で、しかも最初に手がけたのがオートバイでした。

――当時、和光の本田技術研究所はオートバイ一色で、自動車のデザインは微々たるものだったのでしょうか。

岩倉　ええ。微々というのか、軽自動車でも長さが三メートル、幅が一・三メートルほどありますから、オートバイに比べてそれなりのスペースをとるわけです。しかし飯の種はみんなオートバイですから、ほとんどの人がオートバイをデザインしていました。

——初めて自動車のデザインに携われたのは、どの車だったのでしょうか。

岩倉　養成工時代に、図面を描いたり図学を学んでいましたので、いちばん最初の自動車のデザインとして、S600クーペ（一九六五年発売）の線図を描かせてもらいました。大学入学試験のときに、東京には絵のうまい人がたくさんいるなと不思議に思っていました。絵の予備校があるというのはその時初めて知りました。それまで私は結構絵がうまいと思っていたのですが、追い付いて追い越すほどうまくはなりませんでした。でも図面だけは先生が「うまい」といってくれたのが自信となり、ホンダに入ってからも、先輩からはいつも「この図面を頼む」といわれていました。そして図面がうまいというので、自動車のボディの線図を描くことになったのです。

その後、実際に自分でデザインをしたのは、S800（一九六六年発売）の、ぽっこりボンネットの真ん中にあるコブのような部分です。「バルジ」といいますが……。

3　「世界一」「世界初」のデザインを目指して

岩倉　N360（初代、一九六七年発売）が月に二万五〇〇〇台も売れるようになり、そこでこのN360のお客さんが次に乗る車をというので、最初はエンジン排気量を七〇〇ccでつくり始

S800（1966年発売）

めましたが、多くの人からいろいろな要望が本田宗一郎さんのもとに入って、たとえばアメリカ販社（アメリカンホンダ）の社長さんが来日のたびに、「いまやアメリカは一〇〇マイル（一六〇キロ）カーの時代ですよ。日本も東名や首都高ができ、そんな時代が来ますよ」と。このようにして、毎日のように要求性能がエスカレートし、技術屋も頑張りましたが、排気量も日に日に大きくなっていきました。

その結果、ものすごいスピードで走れるような車になったのです。一三〇〇ccで一〇〇馬力近く出るというのは驚異的ではありませんか。そういう車（H１３００セダンという名称で一九六九年に発売）になっていったのです。そして鈴鹿に、この車専用の大きな工場ができました。また同時に、H１３００クーペ（一九七〇年発売）の開発が始まっていました。

そんななか、H１３００セダンのボディが工場ラインを順調に流れず、溶接のところで止まってしまい、次の工程の塗

H1300クーペ（1970年発売）

装に進まないという事件がありました。当時、車のボディは、溶接で接合した部分にハンダを盛って、それを削って表面を滑らかにしたうえで塗装をしていました。

H1300セダンもその製法を用いていたのですが、オートバイのパイプばかり接いでいたホンダには、鉄板を接ぐ技術が未熟で、職人も育っていなかったのです。ラインが止まっていた状態を本田社長がみて、「これは誰がやったのだ。呼んでこい」と怒り出しました。鈴鹿から電話で埼玉の本田技術研究所へ連絡があり、事情もわからないまま、若輩の私が行くことになったのです。

工場に着くと、仁王立ちになって真っ赤な顔をした本田社長の第一声は「おまえは人を殺すのか」でした。大勢の人に取り囲まれて、しこたま叱られたのですが、何を叱られているのかよくわからず、よくよくみると、溶接のラインが止まっていることに原因があるようでした。ところが叱っている理由は、ハンダは鉛と錫でできていて、その鉛を削っていると粉塵が作業者の鼻から入り病気になるぞということだったのです。「すぐやり直せ」ということになったのですが、そんな簡単にやり直せませんよね。Ｈ１３００セダンは、そのままラインを流れていくしかないのですから……。

すぐに新幹線で帰り、次の朝早く研究所に出て、ハンダを使わないで、溶接部分を「何か」で被せて隠す方法はないか、鉄板のつなぎ場所はどこがよいか、などといろいろ考えていると、本田宗一郎さんが、「できたか」と入ってきたのです（笑）。「いや、まだこういうことを考えています」というと、「それはいい。すぐやりなさい」と。それからモデルをつくってできたのがＨ１３００セダンの派生機種Ｈ１３００クーペです。

このようにして、このＨ１３００シリーズはできあがったのですが、売れませんでした。お客さんがその高性能についてこられなかったこともあり、その結果、四輪からの撤退も、という話になるほどの失敗作となりました。

しかし、私はここで一つの大きな発明をしました。発明というよりも、叱られたからこそできたといったほうが正しいかもしれません。いまはベンツでもトヨタでも、ほとんどの車の屋根の両サイドにモール（帯状の飾り）が二本走っているでしょう。これが当時としては、まったく新しい発想のデザインとなり、結果的に大発明につながったのです。

先述のように、大勢の前で私が叱られたのですが、本当は私が叱られる話ではないことは周り

図表1　本田技研工業　四輪車主要モデル年表

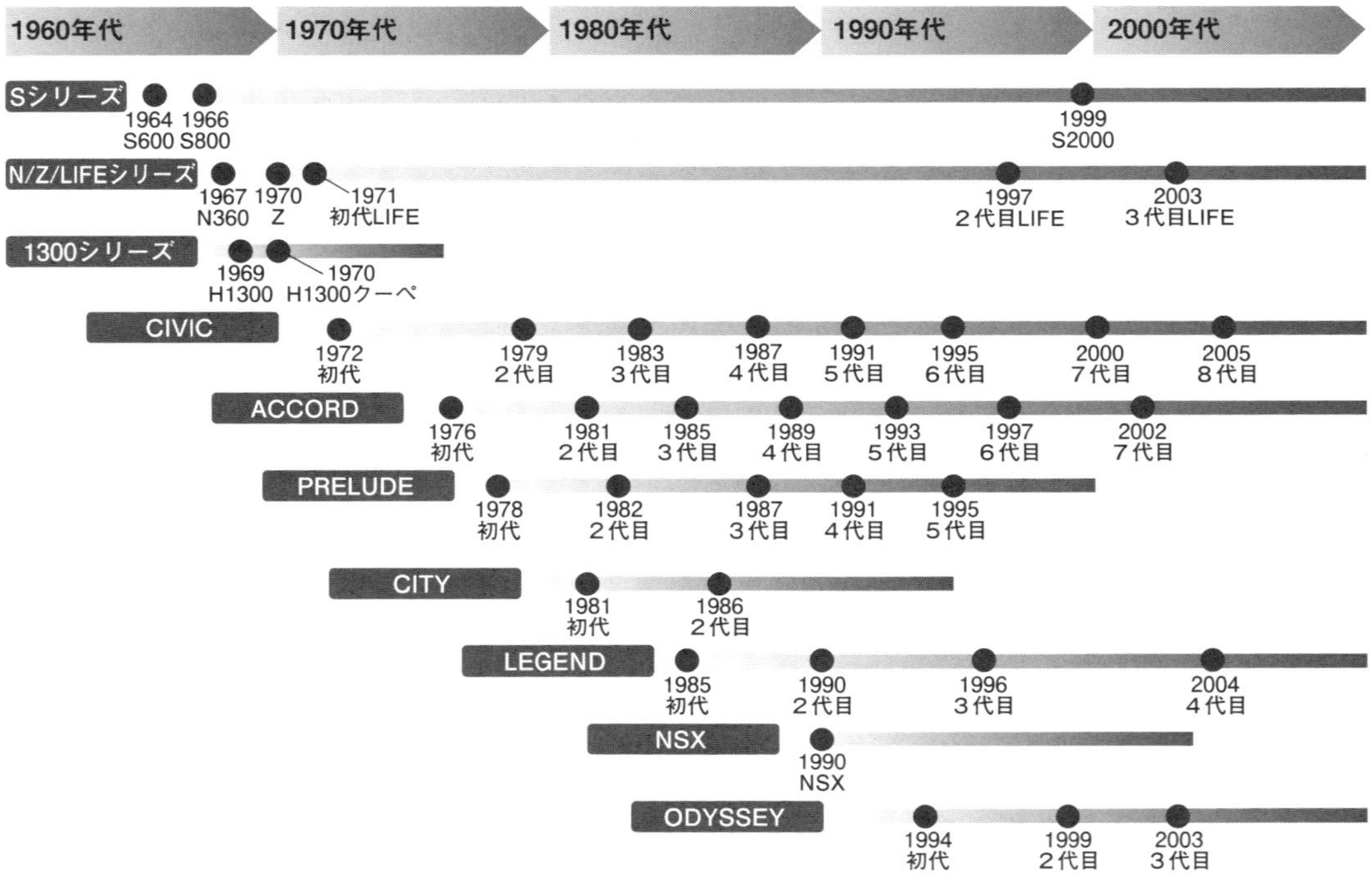

1960年代
1970年代
1980年代
1990年代
2000年代
Sシリーズ
1964 S600
1966 S800
1999 S2000
N/Z/LIFEシリーズ
1967 N360
1970 Z
1971 初代LIFE
1997 2代目LIFE
2003 3代目LIFE
1300シリーズ
1969 H1300
1970 H1300クーペ
CIVIC
1972 初代
1979 2代目
1983 3代目
1987 4代目
1991 5代目
1995 6代目
2000 7代目
2005 8代目
ACCORD
1976 初代
1981 2代目
1985 3代目
1989 4代目
1993 5代目
1997 6代目
2002 7代目
PRELUDE
1978 初代
1982 2代目
1987 3代目
1991 4代目
1995 5代目
CITY
1981 初代
1986 2代目
LEGEND
1985 初代
1990 2代目
1996 3代目
2004 4代目
NSX
1990 NSX
ODYSSEY
1994 初代
1999 2代目
2003 3代目

の人もわかっていました。設計、プレス、溶接などさまざまな問題があったからで、デザイナーが叱られる話ではないのですが、そこに立ち会った人々は「こいつが代わりに叱られている」と思ってくれたのでしょう。

立ち会ったなかの一人に、その後、生産の責任者となり副社長にまでなられ、ホンダエンジニアリングの責任者もなさっていた方がいらして、「とにかくあいつが代わりに怒られてくれたのだから、何とかものにしてやってくれ。そしてそれをホンダの特徴にしよう」といってくれました。そして新しい溶接の方式が生まれたのです。

トヨタ、日産、ベンツも、当時はラインで少しずつボディの部分部分を溶接してボディをつくっていたのですが、側面と屋根とドアを一カ所で一気に溶接してしまう方式です。建築でいうところの2バイ4ですね。当時われわれは「GW（ジーダボ）」と呼んでいましたが、いまではマルチウェルディング方式といわれています。

後に円高になり、現地調達率を上げるためアメリカ・オハイオ州に工場を一九八二年頃に新設したのですが、この「GW」が、ホンダが海外で最初に現地生産を始めたときの大きな武器になったのです。溶接はむずしい技術ですから、現地生産するときに習熟させるのはとても大変なことでした。そこで、マルチウェルディングの機械を日本でつくり、ボディ溶接精度を確かめたうえで機械ごともっていき、日本でつくるのと同じ精度の車をつくったのです。以来、世界中の車にこのモールがつくようになりました。
「おまえのデザインが悪い」といって叱られたのなら、「デザインなんて好き嫌いだ」と思ったでしょうが、人の命にかかわる問題だと叱られたので、頑張らなくてはと思ったわけです。

——翌朝に来て「できたのか」といわれたのも、命がかかっている問題だからなのでしょうね。

岩倉　本田宗一郎さんご自身は車で来られたのかよくわかりません。私はとにかくその日のトンボ帰りです。次の朝研究所におみえになって「あのやろう、叱ってやろう」と思っていたら、「いたな」と思われたのではないでしょうか（笑）。
　ことほど左様に、考えるよりも実際にやってみて、失敗したらまた考えてやればいいと、私も思っていました。しかも毎日のように、「世界一か？」「世界初か？」と聞いてきます。私だけではないですよ。みんなに対してそうでした。

——一九六〇年代に、毎日のように「世界一か？」「世界初か？」と経営者が問いかけた企業は、ホンダに限らず今日グローバルで活躍なさっているように感じます。

岩倉　二階に上げて梯子を外すとよくいったものですよ。そして下から火をつけられる。いつも飛び上がらされているという感じでした。浮遊感というか、ある意味たまらない感覚がありました。家に妻も子どももいるのですが、家に帰るのがもったいないのです。早く主任研究員になりたいと思ったものです。主任研究員は管理職ですから……。

私が主任研究員になったのは三四歳でしたが、みな残業フリー、土日なしが当たり前で、組合がうるさいから早くそれになりたかった。組合員のときは、とにかくタイムカードを押して、帰らずに隠れていました。組合の委員が帰ってから、こっそり入って部屋へ帰ると、モデルをつくっていた連中が仲間になりました。あいつは戦友だと。それでもみつかってまた叱られるのですが、それ以上に仕事が楽しかったのです。

——マネジメントをしたかったのではなくて、大手を振って残業ができるということで早く主任研究員になりたかったということですね。

4　本田宗一郎に一番叱られた男

——『本田宗一郎に一番叱られた男』というタイトルの書籍を出版されていますね。

岩倉　中学時代からの友人である、当時の日本政策投資銀行総裁の小村氏が、私のことを日本経済新聞の「交遊抄」で触れてくれたのですが、その記事を読んだ三笠書房の副編集長さんから、電話がかかってきて「本にしましょう」といわれて始めたものです。校正が終わると次はタイトル決めです。「タイトルを用意してください」というので、一生懸命考えたのですがすべてＮＧでした。そこで彼が出したのが『本田宗一郎に一番叱られた男』でした。そういえば小村氏が「交遊抄」のなかで、いちばん叱られたようだ、と書いていました。彼は最初から決めていたよ

うです（笑）。

「恥ずかしいし、嫌だ」「本田宗一郎さんには、おれも怒られたぞ、という人が出てきても困る」といったのですが、「その時はその時です」と彼はいい、「いいかげんなものだ」とあきらめたのです。

同時期、三代目社長の久米さんが『「ひらめき」の設計図』という本を小学館から出しました。その出版祝賀会に教え子たちが集まったのですが、「岩倉の本の話だけはやめよう、話題に出すまい」ということにしていました。しかし祝賀会です。お酒が入ると皆酔っ払ってしまい、そのうちに久米さんが「おいおい、何だ。あの『本田宗一郎に一番叱られた男』は。おれのほうがもっと怒られたんだぞ」といい出しました。そのときに周りの連中十数人が、「久米さん、誰がみても岩倉のほうが叱られてましたよ」「そうか」（笑）となって、やっと認知されたというか、救われたというか……。

――たしかに出版社はタイトルを決めるとき、結局のところ営業の話を聞きますからね。売れるタイトルでなければ、みんな営業が却下しますから……。

岩倉　それまで三冊の本を出し、自分のいいたいこと、書きたいことを書いてきました。身のほども知らず、専門的な訴え方もわからずに。しかしそれは、読む相手のことを考えていなかったことだと気づきました。これまで車づくりでいってきたことを、自分が本をつくるときにはまったく考えつかなかったのです。

三笠書房さんとのやり取りは、私が車づくりをするときと同じ考え方でした。「その本（車）は誰のためにつくりますか」を第一に考え、その「誰」の顔がみえるまで絞り込み「どうしたら喜んでもらえるか」を先に考えるつくり方です。

――中身の前にターゲットのほうを考えると。

岩倉　三笠書房さんはお客さんになりきるのです。お客のつもりで読んでおもしろくないとか、ドキドキしないとか、ここをうならせろとか。うそは書けません。しかし、順番を入れ替えるだけで抑揚が出ることを知りました。こうやって本をつくっているのだと感動したものです。

5　デザイナーを辞めろ

岩倉　私が担当した初代シビック（一九七二年発売）が成功して、七年間も売れる長寿な車となりました。初代シビックの開発に携わっていた際に、私が作成したシビックのクレーモデルをみながら、本田宗一郎さんから「これは、おんもらしていていいねえ。こういうのはみていて飽きないよ」との言葉をいただきました。当時の私には、その「おんもら」の意味がよくわかりませんでしたが、褒めてもらえたのだろうと。

そのような初代シビックでしたが、二代目シビック（一九七九年発売）は、期待したように売れませんでした。私は自分では直接デザインはしていないのですが、エクステリア（外観）デザインの責任者としてうまく役割を果たせなかったということです。私がやらなかったからうまくいかなかった、ということではありません。みんなが一生懸命つくったのですが、初代が大成功したものだからどうしても保守的になり、また、世界中からのいろいろな要望を取り入れすぎて個性のない車になってしまい、そのため国内での評価がパッとしなかったのです。

その頃につくった初代プレリュード（一九七八年発売）は、この二代目シビックとセットでつくられた車です。こちらも「ホンダらしくない」といわれた車でした。

そんな時に、久米さん（当時、本田技術研究所社長）から、「岩倉くん、ちょっと社長室に来てくれ」といわれ、「もうこれは駄目か、一巻の終わりだ」と思いました。そこで、「おまえさんは、もうデザイナーを辞めろ」といわれました。しかし、デザイナーを辞めろというのは、「自分でデザインするのをやめて、世界一のデザインが次から次へと出るような部屋をつくれ」ということだったのです。いってみれば、デザインマネジメントをやりなさいといわれたわけで、三九か四〇歳のときです。

そうこうしているうちに、本田技術研究所の取締役となり、同時に商品を戦略的に考えるチームの委員長にもなりました。世界一のデザインが次々に出るような部屋をといわれて、体質を変

2代目プレリュード（1982年発売）

えて、そういうものが自動的に出てくるようなモチベーションや技術をつくろうというなかで生まれたのが、シティ（一九八一年発売）と二代目プレリュード（一九八二年発売）なのです。

二代目プレリュードは、普通の車に対してボンネットが一〇〇ミリほど低いスポーティーカーです。ボンネットが一〇〇ミリ下がっているというのは、エンジンが入っているわけですから、エンジンのピストンのストロークを一〇〇ミリカットする感じです。でもそれではエンジンは回りません。ボンネットを下げたのは、このところの車はホンダらしくないといわれていたためです。

ホンダらしくないといわれるのは、CVCCエンジンがそれなりに世界で最初の無公害エンジンだったということで評価されたのですが、以前のホンダ車のような活発に走るような感じがなく、格好も一般向けをねらって個性のないものになっていたからです。そして「トヨタみたい」ともいわれました。

ホンダのような小さな会社が、トヨタのようだとなると存在意義が問われるわけで、つまりは会社がなくていいということですから……。ホンダらしさを取り戻すためにどうすればいいかを考えた末つくったのが、二代目プレリュードでした。

当時は、スーパーカーブームでした。スーパーカーは子どもから大人まで多くの日本人が知っている、自分では買えないあこがれの車です。エンジンが前になく、前後のタイヤの真ん中にエンジンを置いているので、ボンネットを低くできるわけです。その低いボンネットを使って四人乗れるようにできたら、スポーティーなイメージが出るのではないかと。そこで、アコードセダンの一分の一の図面を壁にはって、そこにスーパーカーのシルエットを描いてみると、ボンネットを一〇〇ミリ下げると何とかなりそうでした。

現実的にはボンネットを一〇〇ミリ下げられるとは思いもしないで、久米さんにいわれるままに絵を描いたのですが、「これを実現したらホンダらしくなるのか」と聞かれて、「スポーティーなイメージは確立できると思います。しかも四人乗れます。まあできないと思いますけど」といったら、チームのみんなが集められました。久米さんが「ボンネットを一〇〇ミリ下げないとホンダはつぶれるんだってさ」とみんなにいったものだから、誰もできるとは思っていないなかで、エンジン屋は「やってみます」といって帰っていきました。そして一週間ぐらい経って、無理やり詰め込んで「下げました」といってやってきたのです。誰も下がると思っていなかったので、びっくりしました。

エンジンが下がると、今度はタイヤのところについているサスペンションが突き出すわけです。それも下げなくてはいけない。どうしたら下げられるかというので、また一週間かけてサスペンションを考えて、Ｆ１のサスペンションをつけて下げました。サスペンションが下がったと思ったら、その次はワイパーで、モーターがはみ出すとまた小さくしなくてはいけないとか、エアコンがどうだとか、機械部分をどんどんコンパクトにしていって、そのなかから「マン・マキシマム／メカ・ミニマム」という技術コンセプトが生まれたのです。結局、めちゃくちゃなことを提案し、それを実現していく段階で新しい技術コンセプトまで生み出したのですね。それが人間尊重、マン・マキシマムです。人の最大満足のため、機械を小さくするということで、ボンネットを一〇〇ミリ下げたのが二代目プレリュードで、エンジンルームの前後を一〇〇ミリ縮めたのが初代シティなのです。このプレリュードとシティは、ホンダのデザインのありよう、すなわち個性といったものをつくりあげた車だと思います。

6　形は心なり

岩倉　世界一のデザインが次から次へ生み出せるような部屋づくりのため、私は実施計画書を作成しました。正月に一日も休まずに書いたのです。計画書を正月明けに久米さんに提出したのですが、一頁目を読んだだけで、「進めてくれ」というのです。その計画書はいまでも残してありますが、最初に、「形は心なり」と書きました。

デザイナーは欲深くて、顕示欲が強く、「おれがやったものだ」といいたがります。でも、みえ方だけがスポーティーでは駄目なので、中身もきちんと考えられてないといけません。ただ売れればいいというのではなく、「世のため人のため」に「心を込めて」つくらなければならない、ということです。また、「先進性、普遍性、奉仕性」といった言葉をつくりだしました。そして、こうした考え方をもとに実施計画書をつくって、「三年ください」とお願いしたのです。

実行計画は三年分でしたが、「何をいっているんだ。三年後にこの会社があると思っているのか」といわれました（笑）。そして「一年半にしろ」と半分に値切られてしまい、その一年半でつくったのが二代目プレリュードです。これは世界中で売れて、ホンダのイメージが飛躍的に上がり、ホンダのデザインも評判になりました。

ある時、私は久米さんに尋ねました。「F1の監督は世界のレース場で戦って、一番になったら世界一と認められますが、私たちデザイナーは一番になろうと思っても、デザインの世界にはレース場がありません。どうすればいいですか」と。すると、「世界のお客さんが、ホンダのデザインは世界一だといってくれればそれでいいのだ」というのです。後に二代目プレリュードは、おかげさまで世界中から、「ホンダのデザインはいい」との評判をいただきました。ですが、プレリュードはセダンではないので、たとえ月に一万台売れても、それはスポーツカーだから格好いいのは当たり前、という思いが常にありました。そんな頃つくっていたのが三代目シビック（一九八三年発売）です。

――二代目プレリュードとシティの考えを受け継いでできたものが、三代目シビックということですか。

岩倉　はい、そしてその後、バラード、インテグラなどの派生モデルがでてくるのです。

世界で初めて自動車のデザインのアウォードが生まれたのが一九八四～一九八五年でした。当時、イタリアは国をあげて、世界一のデザインを決めようというトリノ・ピエモンテ・デザイン・アウォードを創設しました。当時スーパーカーをはじめとするイタリアのデザインは素晴らしく、国のイメージまでも上げたということもあり、イタリアは車のデザインのメッカとなっていましたが、何と、最初の大賞をもらったのが、三代目シビックだったのです。

現在も開催されているトリノ・ピエモンテ・デザイン・アウォードの第一回目で、久米さんに一番になれといわれて実行計画を書き、期間は値切られましたが、結果的には三年かかって一番になれたのです。とてもうれしかった。世の中を動かした感がありました。四〇代の初めの頃です。

その頃、本田宗一郎さんは一線を引かれ最高顧問になっておられましたので、三代目シビックには、本田宗一郎さんの意見はあまり入っていません。ある意味で任せてもらえたのだと思っています。

7　会社の体質を変える

岩倉　バブルがはじけて、本田宗一郎さんが他界されてすぐに、私は研究所の専務を兼務しながら本田技研の役員になりました。研究所の専務として商品開発、また本田技研の取締役として四輪商品戦略委員会の委員長など、何役も抱える四輪商品の総括責任者です。この時期がいちばん、苦しくもあり楽しくもあり、でした。

しかし車は売れません。世界初の総アルミボディのNSX（一九九〇年発売）も最初のうちはバックオーダーだったのですが、まったく売れなくなりました。その頃他社は商用車のような箱バンです。日産はキャラバン、三菱はデリカ、マツダはボンゴ、トヨタはトヨエースなどの商用車をもっていました。それを多人数が乗れるようにして、当然のごとくディーゼルエンジンももっています。商用車は税金が安く、ディーゼルも燃料代が安く、車自体の税金も安いし売値も安く、バブルがはじけた途端にこういう車ばかりが走り出したのです。

ところが、ホンダは背の低いスポーティーな車しかつくっていませんでした。世界中にある工場で、どこを探しても背の高い車を流せるところがなかったのです。しかし、流せる工場がないのに、販売店は他社で売れているような背の高い車をほしがりました。「維持費も安くて、大勢乗れる車をつくるのがおまえの責任だ」というわけです。「背広を着て本社で座っていないで、研究所に帰って売れる車をつくれ」という声も聞こえてきて、針のむしろでした。

5代目シビック（1991年発売）

このような厳しい状況のなかで五代目シビック（一九九一年発売）は開発され、おかげさまで、この年のカー・オブ・ザ・イヤーをいただきました。その二年後には、五代目アコード（一九九三年発売）やオデッセイ（初代、一九九四年発売）が出ましたが、それらはいってみれば、五代目シビックの技術や商品開発の思想を継承しています。

オデッセイは、それをつくる工場がなかったのですが、改良に改良を重ねて工場の梁を少し上げてもらい、工場で流せる限界までオデッセイの屋根の高さを上げました。他社の商用車の多くが、前席の下にエンジンを置いているため後ろの荷台が広くとれるのですが、ホンダにはそういうレイアウトの商用車はありませんでした。他社は後ろにエンジンがあるからワンボックススタイル（ボンネットのないシルエット）にできるわけです。ホンダの場合は、前にエンジンがあるのでそういうシルエットにはできなかった。それを「固定式三角窓」という新しい発想で、見事ワンボックススタイルを実現しました。またディーゼルもありません。

ディーゼルは本田宗一郎さんが大嫌いでした。そんなないないづくしの逆境のなかでつくったのがオデッセイで、それが大ヒットしたのです。

その後、CR-VやステップワゴンなどRVのホンダといわれるまでになりました。

二〇代にS600、三〇代にチーフデザイナーとしてシビックやアコード、四〇代にデザイン室の総括として二代目プレリュード、初代シティ、三代目シビックを手がけました。最後は本田技研で商品担当役員としてプロデューサーの役割を担ったのですが、車をつくりながら会社の体質を変えるということにかかわり、それこそしんどかったですが、それまでのしんどさとはまた違いました。おもしろさの質が違うというのですかね。それまでは、がむしゃらにやっているおもしろさでしたが、会社の体質を変えることは胃が痛くて（笑）。もう本田宗一郎さんも私を育ててくれた久米さんも会社にいないのです。だから、いつも本田宗一郎さんだったら、久米さんだったらどうされるのか、と思いながらやっていました。

――この時期に体質を変えるというのは、何から何に変えようという感じでしたか。

岩倉　スポーティーなホンダでなければいけないとか、ホンダにはホンダらしさがあると自分たちは思っているわけです。お客さんもそう思っているわけです。それを拠り所にもしてきました。

しかし、アコードを例にとると、初代のエンジンは一六〇〇cc でした。その次が一八〇〇cc、その次が二〇〇〇cc、その次が二二〇〇ccと排気量が大きくなっていきました。

それは、お客さんの注文を聞くと「ホンダはもっと走らなくてはいけない、もっと音を静かにしないといけない、もっと室内を広く」といった声が聞こえてきたからです。でも排気量が二〇〇cc増えるたびに、六〇キログラムぐらい車重が上がっていきます。お客さんのためにと思ってモデルチェンジをするのは正義ですよね。しかしスペックは上がっても、値段は相場があるしそんなに上げられません。

そうすると、利益が薄くなっていきます。そして、工場も関連メーカーも利益を落としていくことになってしまいます。早い話が大企業病に陥っていたのです。そこからいかに脱出するかと、困り果てて社長の陣頭指揮で始めたのが、ホンダの体質にいちばんあわないことでした。

TQC（Total Quality Control）というのをTQM（Total Quality Management）といい換えて、PDCA（Plan-Do-Check-Action）を回すことで、行け行けどんどんでやってきたものに、歯止めをかけました。そして、全分野に適用する前に、誰か身をもってできる者はいないかということになりました。いちばん苦手な人がするといちばん効果が上がるだろうという話になり、私が手をあげて、五代目シビックをつくりながらTQMを実践することにしたわけです。

財団法人日本科学技術連盟の指導担当の加納先生は、東京理科大学にいらっしゃったので、私は若手を連れて頻繁に教えを請いに行きました。しかし、本も何冊も読んだのですが、むずかしくてよくわかりませんでした。それである時、「先生、何か一つだけでいいですから、これだというものを教えてください」とお願いしたところ、「TQMというのは『真のお客さん』をみつけることですよ」といわれました。「真のお客さん」ということでしたら、本田宗一郎さん直伝で私はわかっているつもりでした。でも「あなたのいっているのは『真のお客さん』ですか」といわれるので、「私は『真のお客さん』だと思って、車を買っていただいた方にはすべてアンケートをとって、文句や要望をもらいながら、丁寧にランキングをつけて管理している」といいました。

すると、「では購入者は、本当にあなたが企画した、こういう人に買ってもらいたいと思ってねらったお客様ですか」といわれたのです。買ってくれたお客さんはチェックしていましたが、企画段階でねらったお客さんが買ってくれたのかというとそうではなく、私は青くなりました。

たとえば、この車のターゲットは三五歳をねらっていたが、買ってくれたのは五〇歳だった。でも、ねらった五〇〇〇台は売れているから、営業はこれでよしとしています。では、購入いただいたお客さんとねらったお客さんはなぜ違うのでしょうか。たとえばバブルがはじけた後に、アコードを買おうと思ったものの、アコードは値段が高い。先行きを考えるとお金は残しておくほうがいい。そこでシビックが大型化したので、シビックにするのではないかと。しかし、これまでワンランク上の車種に乗っていた人からは、音がうるさい、エアコンの効きが悪い、などの文句が出るかもしれない。そういった要望を注文に取り入れると車重がさらに六〇キログラム増えてしまう。といったことをしてきたことに気づいたのです。

アコードの開発時に、ＳＥＤ〈Ｓ：Sales〈販売〉、Ｅ：Engineering〈製造〉、Ｄ：Development〈開発〉が一体となってプロジェクトを進める方法〉を取り入れました。初代シビックでプロジェクト制を始め、初代アコードではＳＥＤを導入したのです。

――この五代目シビックのときは、プロジェクトリーダーをなさったのですか。

岩倉　五代目シビックの開発チームは後にできましたが、私は、ＳＥＤＱＢＭ〈Ｑ：Quality〈品質〉、Ｂ：Buying〈購買〉、Ｍ：Money & Man〈お金と人〉〉の担当役員が集まった四輪企画室という組織のリーダーをしていました。ＳＥＤ＋ＱＢＭのメンバーを束ねて、それぞれの車のお客さん像をつくっていきました。

お金の勘定をする人が求めるお客さんと、調達担当が求めるお客さんなどがイコールになるかといったことを徹底的に議論しました。私は私で絵を描いたり、イメージをつくりました。メンバーはコスト勘定ができたりエンジンの技術はわかるのですが、車全体はみられないのです。一方、私は浅く広く、こんな感じというイメージは描けるし、どういう車という一口言葉もつくれるし、皆をプロデュースする経験もあったので、メンバーを束ねられたのかもしれません。

品質もコストもそろった商品力のあるものにするため、ＳＥＤ＋ＱＢＭのすべてをチェックしながら、「真のお客さん」に対して過不足のない状態になっているか、過剰品質になっていないか、といったことをすべてきちんとみていったら、コストは思った以上に下がりました。私はコスト削減の経験がなく、どちらかというとコストを上げる人だろうといわれていたのが、結果的にメンバーと一緒になってやったことで大幅にコストを下げることができたのです。

この勢いで、次のアコードでもコストを下げることができましたし、アコードをベースにオデッセイをつくったのですから、オデッセイはバリュー・フォー・ザ・マネーの高いものになりました。

企画も計画も戦略もデザインだと思います。私は二〇代、三〇代、四〇代、五〇代にそれぞれ違う役割で、デザインにかかわりました。実はいま、空海に凝っているのですが、空海と同じようなことをやっていたのかと思うようになりました。私のほうは、はるかに規模は小さいのですが……。

――空海をお読みになったのはシビックシリーズ開発の頃ですか。

岩倉　はい。三〇代は随分とたくさんの本を読んでいて、梅原猛さんや上山春平さんの書いた空海の本などもです。いつの頃か、司馬遼太郎さんの『坂の上の雲』にしびれた時期もありました。これも、何回も読みました。仲間はみんな、それを読まないと、翌日の食事のときに話ができないというぐらい読んでいました。

三〇歳そこそこの人間が、会社を背負っているような感じになっていたわけです。シビックをつくりながら、つぶれそうな会社を立て直すのだという感じでしたから、それを仕向けた上司である久米さんはすごかったのでしょう。

8　現場（学科・専攻）からの変革

――以前弊社の者が、ある大学と共同で卒業生を採用する企業側がどんな認識をもっているかといった調査を行ったことがあります。その大学は、文系と理系にわかれていましたが、「文系は基礎学力が身についているため、どの学部でもかまわない。企業に入ってから会社色に染めやすい」との認識をもたれていて、文系は企業から重宝されるという話でした。

学生にも取材をしたのですが、調査結果としては、学生はたとえば、文学を追求したい人ばかりが文学部にいるのではなく、どうも「学際的な研究をしたい」という比率が年々高まっているようだという結果が出ました。つまり「ある学科に入ったらその学問一本で」という気持ちの学生もいなくはないけれども、学際的な研究を望む学生が増えていて、一方の企業側が求める人材は、文系についてはこのような話ですが、たとえば建築の専攻などであれば専門性を期待します。ところが学際的な研究をしたいのが学生の要望だったので、その大学では学部学科の再編を行うという結論を出したそうです。そしてその結果を出した途端に、学部内から猛反発が出て再編を進めることができなくなったという話です。

岩倉　その検討チームは、学長や学部長などと一緒になって検討すればよかったのでしょうね。一緒に活動して現場を感じればいいのではないかと思います。

――そういう意味では、このケースは、再編のもっていき方に工夫が必要だったということかもしれないですね。

岩倉　そうですね。特定のチームだけで進めると、そうなりやすいのではないですか。企業も同じですけれどね。私が大学で進めている改革の場合は、小さなところで火をつけて、その火だねが学校中に巡り巡って、少し困ったなという感じになってきています（笑）。火がつくと忙しくなってしまうものですから、みんな大変だと思います。

9　多摩美大での留学生受入れ

――多摩美大では留学生・帰国子女の受験枠もあるとお聞きしましたが、留学生・帰国子女の受験は、いつ頃から始められたのでしょうか。それとも昔からあったのでしょうか。

岩倉　大学としての受入れは一〇～一五年程前からですが、われわれの専攻での本格受入れは、私が多摩美大に来てからです。学科や専攻単位で、留学生・帰国子女を一～二人受け入れるとの行政指導もあって、はじめはそれに従っていたのですが、成果が出るぐらい前向きに考えようと、私が提案しました。

もちろん受入れにはいろいろと困難はあります。海外では九月に卒業して、すぐ試験を受けなければいけませんが、試験は一二月です。日本の受験生は在学中に受験し四月に入学ですが、帰国子女の場合は九月に卒業して、日本語がおぼつかない人は日本語学校で勉強します。特に当校のような特殊な学校は、実技（デッサンなど）が求められます。予備校で学んでいないと必要な能力をもてないのです。外国にはそういう予備校はないので、彼らはそれなりに勉強して受けに来るのです。

ここ二～三年の傾向で興味深い現象があります。韓国などは景気が悪いでしょう。今度の新しい大統領になってどうなるかわかりませんが（対談時点は韓国大統領選挙前）、日本の学校を出て、日本で就職したいと思って受験する人たちが出てきています。韓国では日本の学校の情報が少ないと思うのですが、そのなかで多摩美大を卒業し、サムスン、LG、大宇、ヒュンダイなどの企業に就職している先輩がいます。日本の多摩美大を卒業すると韓国の大手企業にいけるし、日本で就職する人も多いという情報が流れ、どんどん来るのです。予備校も留学生の受入れを始めていますが、この現象に驚いているようです。しかも一人や二人ではなく、まとまって一〇～一五人が韓国一円から、とにかく入学したいということでやって来るのだそうです。

ところが、大学としては韓国の方ばかり入学させるわけにもいきません。たとえば入学枠の一割入れるとしても、定員は六〇人の募集に対して六名です。その枠は留学生だけでなく、帰国子女も含みます。帰国子女が一～二人入ると、留学生枠は実質四～五人となります。

予備校は東京にいくつもあり、各予備校では十数名が学んでいるのですが、すべてが多摩美大希望だというのです。学校案内のホームページへの掲載や、私自身韓国で講演会なども行ったりしているので、それらを縁にしているのかもしれません。今年も留学生の倍率はとても高くなり、日本人と同じくらいの倍率になってしまいました。

実は予備校が困っているのです。試験に落ちた留学生から「何だ、ここへ来たら入れるといっていたのに、どうしてくれるんだ」と突き上げられ、「実力が足りなかったから」と答えても、「それは教え方が悪かったからだ」といわれてしまうんだそうです。

留学生は、入学できないとは考えていないのです。しかも、そんなにお金をもってきているわけでもありません。いまではわれわれが予備校に叱られています。「もっと枠を広げてくれ」と……。

――留学生をみられて、たとえば韓国人学生のデザイン感覚や、帰国子女の学生と日本の学生との違いなど、いかがですか。

岩倉　違いますね。日本人と同じ顔をしているのに、海外で住んだり勉強したりで、そうした違う考えを身につけた人たちに接することで、日本の学生も異質なものとのふれ合いで触発されるようです。台湾と中国、最近ではマレーシア、インドネシア、フィリピンからも来ていますよ。

でも、こうした学生が一緒になるとおもしろいですよ。さまざまな文化、さまざまな国の人がいると、おもしろい授業ができたりします。だからこそ、「留学生を入学枠の一割、入れましょう」と私はいっています。

10　プロダクトデザイン専攻のブランドづくり

――多摩美大のプロダクトデザインのブランドとは何かということについてお聞かせください。メーカーでは、「ブランド＝品質のメルクマール」ではないかと私などは思っておりますが、大学のブランドもホンダさんにおけるブランド、車づくりで考えられたブランドという言葉と同じように感じられていらっしゃるのでしょうか。

岩倉　企業での経験なしにずっと学者として来られた方の考えるブランドと、企業出身の私などが考えているブランドとは、多少は違うのかもしれませんが、私自身は、学校も企業も、ちっとも変わらないと思っています。

――ホンダ時代と？

岩倉　ええ。大学でも同じことをやってきました。

――そのスタート地点は、本当のお客さまとは誰かというところだったのでしょうか。

岩倉　はい。「お客さまは誰か」ということを考えると、その起点には「商品とは何か」があります。では「学生はお客さま」でしょうか。大学の先生の多くは、学生をお客さまだといいます。でも、何を生業としているのか、また、その生業とするものの商品は何なのかを見極めないといけないと思います。私は最初に「学生は商品だ」といってしまったので、ずっと前からおられた先生方からは、「え？」と思われたのではないでしょうか。

――その時の「え？」という驚きは、要するに「学生は『商品』である」という合意、共通認識になるまで、学内でも最初は相当な開きがあったということですね。

いろいろな過程を経て、最初は意見の対立する人と歩み寄っていくような場面もあったかと想像します。先ほどのブランドでいいますと、ブランド力を上げるとは、要するに商品自体を磨き上げることになると思います。多摩美大のプロダクトデザインというブランドを体現している学生さんは、先の留学生のお話にもありましたが、異質なものをぶつけると何が出てくるかわからないような楽しみもきっとあるのだと思います。学生さんを、商品としてどのように仕上げていらっしゃるのでしょうか。

岩倉　私がプロダクトデザイン専攻を引き受けたとき、最初に考えたのは、先述の「学生は『商品』である」と「教育は『共育』なり」という二つのことでした。大事にすべきことはこの二つだとまず決めて、専攻の皆さんと話をしてきました。

「教育は『共育』なり」というと、「それはわかる。一緒に育っていくというのは、当然ですね」と皆さんおっしゃいました。実際は、そうはやれていないと思っていますが……。一方、

「学生は『商品』である」といって実行計画を立てたときは、学生、先生方、先輩から、いろいろなかたちで話を聞くようにしました。受験者数、志願者倍率、合格者のうち何人が逃げていくか（歩留まり）など、年度データをみながら、また、一生懸命活動しているが、問題はなかったか等々を話し合ったのです。

それまで、こういったことをする習慣がなかったようで、数字などを一緒にみながら、「ここは変じゃないの？」と話し合い分析をしていきました。

ブランドを上げないと、学生たちは「あの大学へ行こう」といってくれません。そのなかで先輩の存在は大きいですね。「あの人はすごいぞ。多摩美大出だ」というような、きら星がいっぱいいればいいのです。ただ、そういう先輩は大勢いるわけではないので、一生懸命そういう人を探しています。

学生が卒業して、すぐに役に立つかとは思えないので、企業の担当者に「どういう卒業生がほしいですか」と聞いてみました。また、いい人を出すためにいい子を入れたいとも考えたわけです。「磨かざれば光なし」とはいいますが、いい人をとりにいこうという議論を重ねました。それでも、私の在職中に多摩美大のブランドを上げるには、悠長なことはしていられません。だからこそ打って出るしかないと決めました。打って出るのだけれども、本人たちが自らのブランドに自信をもっていないといけません。すごいブランドだけれど、ただみんなに知られていないだけだと思えばいいのです。それを、ブランドがないので駄目だと思っていると、いくら外部へ発信しても仕方がありませんから、まずは自らが、多摩美大はすごいのだと思うための努力をしました。

――発信と並行して内側の努力をなさったということですね。

岩倉　はい。「商品とは何なのか」から始め、世の中のために大切な仕事なのだ、役に立つのだと。多摩美大が一番、いくつもあるデザイン学校のなかでも一番だ、だからいちばん大変なのだ、という自覚と、それゆえに誇り高くいこうといっています。

私が卒業した四〇年前は、人数はいまほど多くないまでも、学内でもいちばん光っていたと思います。所得倍増の時代から、ものが大事な時代になる頃でしたから、プロダクトデザインが脚光を浴びたのは当然でした。ところが、いまは巷にものがあふれ、もの離れが進んでいます。ではいま、日本でものあふれやもの離れにならないようなものをつくれる人間になるにはどうしたらいいか、どんな学生を育てることがわれわれの理想なのかと議論を重ね、「世界に通用する自立したデザイナーを育成する」という目標に至ったのです。

〝世界に通用する〟とはどういうことか？　との議論はありますが、そういう一つの言葉を議論のなかから、みんなでつくって決めました。〝世界に通用する〟とは、世界の企業に学生が採用される、インターンシップに呼ばれる、または世界の人たちが受験に来るような学校にするということです。このなかの一人ぐらいは、世界の企業で就職できるようにしようということです。

まず、「世界に通用する自立したデザイナーを育成する」という目標に対して、どういう科目があればよいかを検討しました。その結果、本来必要な科目といま存在する科目との間に、大分開きがあることがわかったのです。しかし、必要な科目をそろえるためには先生が足りないというので、私は一計を案じて、縦軸にいま存在する科目、横軸に四年間の年次をとり、それら科目を、何年次で、誰が、どのように教えているのか、方針を立ててもらいました。

――地図のようですね。

岩倉　はい。マップをつくったら、教えている科目に偏りがあることがわかったのです。つまり学生には迷惑だったということです。同じようなことを、同じ面子で、同じ年次で、重ねて講義しているのですから。先生方には担当科目を分散して受け持ってもらうことにしました。基礎を教える人、専門を教える人、それで足りないところは、他の学校の先生をよんでこようと。他からよぶのは嫌だという意見もありましたが、来てもらっています。

効果的な教育の内容を四年間のプログラム中に分散させて、やってみなければわからないこともありますが、われわれのなかでは合意できるものをつくって始めようと思いました。とはいえ、次の年からしか始められなかったのですが。

――考えている間は、もうその年度が走っていますからね。

岩倉　もう走っていますから、予算も去年のとおりにしかなく手も足も出ません。そこで私は、はじめの一年は検討期間にしようと思い、ヒアリングから始めました。そして、できることから始めました。まずは、それまで先生方は、それぞれが小さなスペースを与えられていましたが、その壁を取り払いオープンな教授室兼会議室としました。

講評会という評価会も、先生が前にいて、授業のように生徒がずらっと並んでいたのを、車座にして、ものをいっている人の顔がみられるようにしたりと、やろうとしていることが、目にみえて変わったとわかるようにしていったのです。

11　デザイナーの資格

岩倉　いまではいくつかのデザイン学科がありますが、私が多摩美大に入学した時代はデザインを学ぶところは「図案科」一つだけでした。当時は平面デザイン（グラフィックデザイン）コースは六〇人に対して、立体（プロダクト、インテリア、クラフト）コースは二〇人でした。それは図案科のなかから優秀な人が試験を受けて、合格者の二〇人程度が立体デザインコースに行くことになっていたのです。だから、みんなエリート意識をもっていました。

――入学後、三年生ぐらいで専攻を選んだということですか。

岩倉　私たちの頃は、二年生になるとき立体デザインコースに行くための試験があって、三年生からはプロダクト、インテリア、クラフトにわかれましたが、いまは入学するときからわかれています。四〇年前はプロダクトがエリートだったのに、近年はアニメーション、ポスター、映画などのグラフィックが大いに受けていて、私が就任したとき（二〇〇一年）には、一八〇人対三〇人でグラフィックに押しつぶされそうな状態でした。そこで、プロダクトの素晴らしさを旗印に掲げようと、プロダクト専攻のロゴマークをつくったのです（図表2参照）。

サイコロは六面体ですが、平面六つからできています。つまり立体は平面の六倍なのです。グラフィックの一八〇人に対し三〇人でも六倍の一八〇人と同じだという気持ちを込めてつくりました。みるからに立体であり、プロダクトであり、ものだとわかるという旗印です。効果があるとかないとかではなく、旗印をつくろうよ、ということにしたのです。学校の校章はありますが、学科のマークはありませんでしたからね。

また、プロダクトデザイン専攻の想いを表したシンボルマークをつくって、一年生から四年生までの教室の入口にポスターを貼りました。クエスチョンマークとエクスクラメーションマーク（図表3参照）です。

この由来を解説すると、私が現役でホンダにいた頃なのですが、一九九二〜一九九三年の国際デザイン学会で、「デザインにとっていちばん大事な言葉は何ですか。一言でいってください」

図表２　多摩美大プロダクトデザイン専攻ロゴマーク

多摩美術大学 生産デザイン学科プロダクトデザイン専攻
PRODUCT DESIGN
Tama Art University

図表３　多摩美大プロダクトデザイン専攻
シンボルマーク

と尋ねられたときに、私が出したのが「クエスチョンマークとエクスクラメーションマーク」でした。常に探求（クエスト）する気持ちとそれを発見したときの喜び、これをもっていないとデザイナーの資格はないという意味です。好奇心や感動、あるいは喜び、ベルクソンの「歓喜のために生きよ」という、その「歓喜」ですね。それをもたないデザイナーは失格ということで、ポスターの上部に載せています。「これ、なあに？」と学生が聞いてきます。「いや、これはね」ということで、みん

な入学式のときにその話を聞いてから、教室へ入るようにしています。好奇心をもっていない、「これは何なのだろう」と、いつも不思議がる気持ちをもっていない者は「デザイナーになれないよ、それを発見したとき素直に喜べる気持ちをもっていないといけないよ」ということが、放っておいても学生達はわかっていると思っています。それでこのポスターが貼ってあるのです。

こういう目にみえることから始め、商品である学生を仕入れに予備校へ行きました。予備校は仕入れ先だから、私はお客さんだといっています。いい材料を仕入れないと駄目なのです。すし屋でもおやじが河岸へ行かなくなったらその店は駄目になるでしょう。仕入れを若い人に任せて、家でごろごろしているようなすし屋のおやじでは駄目です。自分で河岸に出向き河岸のおやじと仲良くなって「いいのが入りましたよ」といってもらえるぐらいにならないと、いいすし屋にはなれません。

最初は「いくら倍率が下がってきたといっても、それは世の中の趨勢で、まだまだプロダクト専攻は大丈夫ですよ。自ら予備校に行くなんて……」といわれましたが、私は積極的に仕入れに行ったのです。

——本書にも登場するブラザー工業の安井会長が、社長に就任された年に真っ先にやった仕事の一つが、自分で大学を歩き回って「学生さんをください」と駆けずり回られたそうです。いまの北米社長も一九九〇年代初頭に、同じことをなさったとおっしゃっていました。

岩倉　予備校回りでは、「プロダクトってすごくおもしろいんだよ」といっています。「幸いにして私は、これまで、こんないい仕事に恵まれて、世の中に評価され、いまも、このように楽しく生きている。デザイナーになるとこうなるのだ。ほかにも、深沢直人（多摩美術大学プロダクトデザイン科卒）も、三宅一生（多摩美術大学図案科卒）もいる。私は幸せだ。みんなにも勧められる自信がある」といいながら回っています。

もう七年目になりました。いまだに月一ペースで回り、今年度はほとんど回り終えたのですが、いまでは予備校から「来てください」といわれるようになりました。なかにはご両親も一緒にこられて、お父さんお母さんのほうが喜んでくれ、「私が入学する」とおっしゃったりもします（笑）。学校の説明には三時間近くかかるのですが、大学の先生が来る、それも学科長レベルが来るという機会はめったになかったので、みんな集まってくれるのです。

でも、プロダクトへ行きたいという人は、予備校生五〇人集まって、はじめのうちは二～三人です。そこから一時間話し、二時間話し、三時間話し、「どう、やってみる？」と聞くと、三分の一ぐらいが手をあげるようになるのです。その全員が受けるかというと、そうでもないのですが、好奇心をもって「やってみるか」と思うようです。

現在の高校の授業には、ほとんど図画工作の時間がありません。中学もそうです。そうすると、好きな人は美術部に入るのですが、先生は油絵専攻や日本画専攻を出た人で、絵描きでは生計を立てられなくて教師をしている人が多い一方で、デザインをバリバリするような人は、みなデザインで生計を立てています。ですから、生徒はデザインとは何かがわからないまま高校時代を過ごして、それでは困ると予備校へ行くわけです。いまでこそデザイン専攻を出た人を予備校の先生に採用し、お互いに気心がわかってきて、お陰さまで待っていても、いい受験生が来るようになりました。

そういうことをやりながら、「ああ、思ったよりも多摩美大にはすごいのがいる」「あれをやっているのは多摩美大の学生だ」とわかるようなことを、同時に進めています。たとえば卒業制作展を外の目抜きでしようと、いまでも続けているのですが、原宿のど真ん中にある、原宿クエストホールで開催しています。

12 世界で通用する自立したデザイナー

岩倉 いままでは産学連携のお仕事もさせてもらっていますが、それまでは学校のなかでの講評会を行っていました。企業のかたが来て学内で先生と一緒に講評していたのを、国際フォーラムのような大きいところならなおよいのですが、そこまでいかなくても都内の目立つ場所で発表していく。そして、新聞社や専門誌などの記者に来てもらい記事にしていただくようなことを数多くしてきました。

　毎年一回、グッドデザイン賞のイベントが東京ビッグサイトでありますが、そこでは約三〇〇〇点の日本の最高峰、最先端のデザインが並んで、ナンバーワンが選ばれます。私は日本産業デザイン振興会の理事をしていたとき、そのなかに大学生も出展したらおもしろいのではという話がでて、「スペースを貸してもいいよ」という話になりました。結果実現したのですが、出展の能力をもっていたのは産学連携を重ねてきた多摩美大ぐらいで、初年度と二年目はわれわれだけの参加でした。ところが、このことで観客の層が変わってきたのです。これまでは企業の人たち、いわゆるプロ向けのイベントだったのですが、一般の人たち、それも予備校生や若い人がどんどん増えて、年齢層が広がり、人数も増えていき、ものすごく感謝されました。

　私たちにとってよかったことは、当時はブースを無料で貸してくれたことです。その代わり手弁当です。価値がわからないから、大学もお金を出してくれません。産学でつくった作品をもってトラックに積んで運んで、前の日に徹夜で会場を準備して、それこそベニヤ板に紙を張って、自分たちで字を書いて。隣のホンダのブースには、かつて私のスタッフであった若い人たちがいました。

――ホンダさんが隣のブースだったのですか。

岩倉　「あれ、岩倉さんがいる」と（笑）。そっちはプロを使っているのですが。

そのイベントのなかで、来場者に人気投票をしてもらい「プロが選んだいちばんいいブース、一般の人がいちばんいいというブース」はどこかといったアンケートをとりました。一般の人たちがみていいといったブースはホンダが一番で、多摩美大が二番。プロがみて一番のブースが多摩美大で、二番がホンダでした。「おまえのお手盛りではないか」といわれたぐらいに、偶然そうなったのです。そして私たちは人気者になってしまい、二年も続けていると、そこがサロンになってしまいました。先輩、後輩、同輩、若い学生たちがやってくるでしょう。その前で、ワーッと自分たちのプレゼンテーションをするのですから。たまりませんよね。

――OBがいるわけですね。

岩倉　サロンでは「あいつ、うちに採ろう」から始まり、そのうち自分の子どもを多摩美大だったら入れてもいい、という人も出てきました。そんなことがいい合える、二日間のイベントです。

先生方は汗だくに、学生は修羅場ですから勉強になるでしょう。先輩にもみられますしね。これを授業のなかに入れてしまおうと、一年生が入学すると、ここに自分のやりたいものを探しに行かせています。三〇〇〇件もあれば、自分がやりたい何かがそのなかにあるでしょうし、なかったらほかを探せばいいのだろうし、とにかく自分で探してこいと。三年生にならないとそこのブースで発表できないのだから、先輩方がやっているのをみに行け、あるいはそこでアルバイトをしろと。

――一年生にですか。

岩倉　はい。一年のときにアルバイトをしながらいろいろみて、先輩を手伝う。三年になったら自らがやるというようなことで、やりたいものが何で、プロが何をやっているのか、どういう企業に自分が行きたいと思っているのかを、一年のときから考えさせるのです。

まず、考える場をつくろうと。先生は大変ですけれども。三年もすると他の大学もブースを展示しはじめました。それはプロの展示屋がつくったブースですから、とても立派で負けそうになりました。私は学校に頼みましたが、お金は出してくれません。

でも手づくりの、学生たちのやっている作品では負けてはいません。展示物では負けていないということです。展示の装置などはプロには勝てませんが、だんだん力がついていき、お金をかけずに張り合ってきました。

去年、展示をみた掃除機のダイソンが「おもしろい。一緒にやりましょう」といってくれました。また去年から、産業デザイン振興会が「ブース代がかかります」といってきたので困っていたら、ダイソンとのコラボの話がまとまり、ブース出店が可能になったのです。

さらに、イギリスのサーの称号をもち、また発明発見で名高いダイソンの社長が、多摩美大へやって来て、「気に入った。おもしろい」と客員教授にまでなってくれたのです。前向きにいると縁が広がるものだと思いました。

――学生さんはきっと、産学連携のなかで、企業の人を通じて世界に通用する製品かどうかというようなもまれかたや、共同の展示会という修羅場で世界を感じているのだと想像します。

「世界に通用する自立したプロダクトデザイナー」の育成を目指すなかで、「循環型教育の実現」と「マネジメント能力のある学生の育成」（出所：『私学経営』No．390）を今後の課題としてあげられていますが、次世代に期待する対応についてお考えをお聞かせください。

岩倉　「世界に通用する」というのはホンダの社是の最初に出ている言葉なので、私はそのままそっくりいただいただけです。ただ「自立したデザイナー」の、〝自立した〟というのには理由があります。

私が就任したときは「先生、何をすればいいですか」「私は何に向いていますか」というような学生ばかりだったので、自分はこれをやりたいと思えるようなデザイナー、これで生計を立てていくのだという気概をもったデザイナーに育てたいと思いました。そのためには「世界のどこへ行っても生計を立てられるよ」というぐらいにならないと駄目で、「世界に通用する自立した」としたのです。

その大事さはホンダで学びました。世界に通じるとは、結局、異国や異人や異物、そういう違ったものとぶつかって、場合によっては大きな失敗の場合もあるのですが、最終的に「真のお客さん」をみつけていくことなのです。

私は、社内の講評会で評価を受け、それをクリアしていき、最後の社長の最終判断でオーケーされたものが、アメリカへもっていったらこてんぱんにやられたというようなことに何回も遭遇しているわけです。やはり最終的にはお客さんが喜んでくれないことにはどうしようもないのです。それにはもう何といわれようとも……。

考えながらつくりあげていくという体験をしているものだから、お客さんが大事というだけではなくて、自分はそういうことで研鑽した結果、ここまで来ていると思っています。だから、学生たちに変わったことに出会い、それによって触発されて新しいものが生まれる、という喜びを知ってもらえばいいのではないかと思っています。

13 プロダクトデザイン専攻の変革から大学全体へ

岩倉 あるとき学科のカタログをつくりたいと提案しました。大学のカタログはありますよ。でも、学科レベルのカタログはありませんでした。外部にカタログ製作を見積りしてもらったら、部数も少ない、それこそ二〇〇〇部程度であれば三〇万円程度でできるとのことで、広報部へ予算をもらいに行ったのです。若い先生が行ったのですが、ものの見事に断られました。

理由は、「学科レベルでそういうものをつくったためしがない。それに、大学のカタログがあるのだから必要ない」とのことでした。再度、若い先生が広報部に、「岩倉さんが自分で払うといっているのですよ」と伝えたら、「そこまでいうのなら、半額払いましょう」となって、半額出してもらうことになりました。

しかし半額では外部には頼めません。そこは、みんなデザイナーです。自分たちでつくることにしました。デザインはもちろん、写真も自分たちで撮ろう、英訳も帰国子女が担当し、みんな手づくりにしました。そして第一号が完成しました。

カタログには、「デザインってなあに」「こういうことよ」から始まり、「一年から四年までどのようなことをするの（カリキュラムガイド）」というのが載っています。

――（カタログをみながら）学生の過ごし方ですね。

岩倉　先生がマンツーマンで指導しますよとか、一～四年でどういうことをするかというカリキュラムが出ています。勉強ばかりではなく、いろいろな活動もあり、卒業した先輩方はこういうものをつくって頑張っていますよという内容になっています。

カタログはまず学生に配布しました。彼らが夏休みに帰省し両親にみせたら、ものすごく喜んでくれたと聞きました。青森や北海道など、はるばる遠くから高い下宿代を出して両親が送り出してきているのだけれども、子どもが「デザインをやっているんだ」といっても、デザインとは何だかわからず、「何をしているのだろう。夜に電話をかけてもいないし」という心配をされていたようですが、カタログをみてとても喜んだそうです。こういうことを勉強して、卒業したらこうなるのだ、ということがわかったといってくれました。

私もいまではこのカタログをもって予備校へ行っています。カタログはかなりの効果があり、あっという間に二〇〇〇～三〇〇〇部がなくなりました。翌年度からは学校からお金が出るようになりました。

また、翌年は他の学科でもつくり始めました。若い先生は「あそこがまねをした、ここもまねした」といって口惜しがりますが（笑）、「いいじゃないか、みんなが始めたら多摩美大全体のブランドが上がっていくよ」といっています。予備校まわりのときにも効果があることがわかると、反対していた人もカタログをもって回るようになりました。多摩美大のブランドが上がってきたのです。

二年目はカタログに先生のメッセージを入れました。私は、「みんなで力を合わせて、豊かで刺激的なデザイン教育（共育）の場をつくります」と書きました。いろいろな実績をもった先生方それぞれから、こういうことをやりますよとのメッセージです。有名な川崎和男（人工心臓のデザイン等で著名なインダストリアルデザイナー）のメッセージのほかにも、常勤・非常勤、准教授、講師に関係なく先生の名が「あいうえお順」で登場します。「あいうえお順」は先生方も喜んでいます。

ところで、私が就任したとき、プロダクトデザイン専攻は学生の三割が女性だったのですが、女性の先生は一人もいませんでした。私は「女性の先生を入れよう」と提案しました。学生へのヒアリングのなかで、女子学生から「女性の先生がなぜいないのですか」という質問が出てきたからです。私は目ざとくそれをピックアップし、女性の先生に来てもらうようにしました。そうしたらなんと、先生方が変わったのですよ。

――男性の先生が、ですか。

岩倉　まず、会話の態度が変わっていきました。いまでは非常勤も入れて五人の女性の先生がいます。これまで、私は自動車でしょう。ほかにはオーディオや家電をやっている人たちの集まりだったのですが、ガラス細工をする人、ファニチャーをつくる人、パッケージをつくる人、バッグやアクセサリーをつくる人などがどんどん来てくれて、デザインの領域が広がったのです。だからこそ学生も行ってみたくなるのです。入ってから選べばいいわけですから。

また、産学プロジェクトをワコールと一緒にやりました。男子学生が何人か就職しています。なぜワコールかというと、ブラジャーをつくるには人間工学が必要だからです。

それから、いろいろな幅の広いプロダクトについて予備校へ行き紹介しています。「この写真集のどこかに、何かやりたいものはある？　同じイスでもこんなにたくさんの種類があるんだよ。これらを教えてくれる先生も大勢いるからね」といった話をスクリーンに映しながら解説しています。

二年前にプロダクトデザインの入学者数を一・五倍にしてもらいました。三〇名が四五名になり、来年度からは六〇名とする認可がおりました。私が来たときからみると倍で、先生の数は同じです。お年を召されたかたが辞めていき、若い先生が増えています。会社経営的にいうと、売上げは上がって経費は下がったかな。とにかく、携わる領域が広がったのでおもしろいですね。

14　異文化とのぶつかり合い

岩倉　三年掛かりで文部科学省に対し、どういう大学院にしたいかの提案をし続けてきたのですが、そのなかの一つが「異文化の批評に接することで学生たちを育てよう」という提案です。それがうまく評価され、少しずつ試みが始まっています。大学に閉じこもって二~五年間一生懸命勉強するのだといっても、それはそれで一生懸命にはなれるかもしれませんが、もっと広く世界の異質なものと出会い、目を開いていってほしいのです。和魂洋才の明治維新です。日本はそうやって歴史的に、和魂漢才の平安時代からずっとやってきているので、今回もそうしたチャンスだと思っています。

――先日、川崎重工業のミュージアム「カワサキワールド」へ参りましたが、川崎造船初代社長の川崎正蔵さんは薩摩の商人の方で、回漕業をなさっていました。船の運送屋さんみたいなものです。その船が難破しそうになったとき、川崎正蔵さんが助かったのは西洋式帆船にお乗りだったからだそうです。その船が、北前船のような一本マストの船だったら遭難していただろうということで、維新後に後の川崎造船となる会社を起こされたそうです。船の造りまで詳しくはわかりませんが、何かこう芸術的には一種の蒸留作用のような、瓶のなかで発酵がどんどん進んでいくようなところがあると思うのですが、異文化とのぶつかり合いというのはまた全然違う新しいものを生むのでしょうね。

岩倉　異文化というのは、ぶつかり合ったときに相手もそのつもりで来ていますから、こちらの文化がないと、向こうがこちらを異文化と認めてくれる能力をもっていないと、うまくいかないのです。

だから、必ずそういうところとぶつかり合うときは、こちらがしっかりしていないといけません。それが世界に通用する、ということなのだろうと思います。いわゆる日本魂というか、和心がないとね。だから、学生たちには世界と対等にやれ、向こうだって日本語がわからないのだから、こちらだって英語がわからなくてもいいじゃないかと。まあ、わかるに越したことはないけれども、むしろ日本のことをよくわかっている人間になれといっています。

――本田宗一郎さんの著書『やりたいことをやれ』で、仏像の流線型というか、仏像のなめらかなデザインを車に活かすというお話を読みました。インダストリアルデザインを欧米より長い間遅れて始めたとはいえ、デザインが進化している以上、文化財のデザインをインダストリーに応用するのではなく、インダストリーから発生したデザインが違う分野に逆流することはあるのでしょうか。いままでに、過去の歴史的な優れた造形物をインダストリーに取り入れるような流れはあったと思いますが。

岩倉　私は、体のなかには大昔からずっと長いこと埋め込まれているＤＮＡのようなものがあって、それは私たちが生まれる以前から備わっているのだろうと思っています。生まれた後は、西洋的な教育を受けてきたけれども、やはり日本人だなと思うようなところがあります。

西洋と対等な技術力やインテリジェンスを身につけても、やはり私は日本人だと思う。私たちが日本の過去のことに興味をもって参考にするのと、西洋の人が参考にするのとは、全然違うと思うのです。私はよく「ホンダの車はなぜアメリカで受けるのか。アメリカへ行ったこともないのに、おまえの車はなぜアメリカで売れるのか」といわれたことがありました。アメリカ人は日本のエキゾチズムといいますか、日本的なきめの細かさ、あるいは自然を大事にした姿やかたちを評価しているのだと思うのです。私は日本刀、よろいかぶと、神社仏閣などを模写して、体に線が染みつくくらいというか、目をつぶっても描けるくらい、よくスケッチの練習をしました。

代々木の参宮橋にある「刀剣博物館」へよく行きました。刀がみられる所はないかと思ったら、すぐ近くにあったのです。上野の博物館にも行ったのですが、刀ばかり置いてあるところはなかなかないのです。「お父さん、そんな危険な所へ行かないで」と妻から怒られながら、時々連れていくと、やはり妻も感動します。神々しい感じに元気づけられたり、人の命をとるようなものをつくっている人はすごいな、心を込めてつくるということはすごいことだな、と思います。

そういうような日本の緻密なかたちづくりというか、ものづくりというのは、やはりそれなりに自分で情報をとりにいかないといけません。いくらＤＮＡが埋め込まれているといっても、自分の目でみて、もう一度呼び起こさないといけないのだろうと思っています。

15　大学院教育改革支援プログラム、ＣＯ‐ＣＯＲＥ（ココア）

岩倉　現在取り組んでいる大学院教育改革支援プログラムに、ＣＯ‐ＣＯＲＥ〈多摩美術大学大学院〈博士前期・後期課程〉の「異文化相互評価が可能にする高度人材育成」プログラムの総称〉があります。ＣＯ‐ＣＯＲＥというのは、いろいろなセクション、デザインや油絵、彫刻、そういう人たちが壁を取り外して、一緒になって講評会をしよう、そしてそれを世界へもって行こう、というようなことを提案したInternational Art & Design Critic、つまり講評です。一緒になってＣＯ‐ＣＯＲＥをつくろうと、カタログをもっていま、世界中に若い先生方が飛んでいます。

ＣＯ‐ＣＯＲＥは、インターネットを使ってお互いの学生の作品を講評し合うものです。そのセレクトされた作品をもち寄って、今度はヴァーチャルではなく、実際に講評し合って、目の前で先生も生徒も一緒になって議論できるような、そのようなことをしようというプログラムです。

私もカタログにメッセージを書いているのですが、四カ国語で記しています。韓国語、中国語、英語、日本語です。海外の大学へ行くと通訳も出てくるのですが、自分の国の言葉で書いてあると喜んでくれます。

――CO-COREには、何校参加なさっているのですか。

岩倉 いま、まずは提携校に参加していただこうとしています。韓国に二校、中国に二校、それからフィンランド、タイ、アメリカです。そして私の最終のねらいは、イギリスです。でも、まだ能力が足りません。歯が立たないので、実績をつくってから、来年ぐらいには手を握ってこようと思っているのです。RCA、ロイヤルカレッジ・オブ・アートが目標です。

――三年後ぐらいのイメージですか。

岩倉 三年後にはいませんから、来年中が勝負です。そして、それが私の多摩美大でのゴールなのです。

16 「デザイナー空海」

――現在、岩倉先生は六七歳になられて、ちょうど本田宗一郎氏が社長を退陣なさったお年と思いますが、宗一郎氏に思いを馳せますと、現在のご心境としてどのようにお感じになられているでしょうか。岩倉先生ご自身のこれからの過ごし方、あるいは目標などお聞かせください。

岩倉　いま、空海に凝っています。仏教は一通り学んだのですが、私の仮説というのか、勝手な思いで、「デザイナー空海」というのを書こうと考えています。

彼はデザイナーであったと思うのです。そういう意味ではよくダ・ヴィンチがそういわれますね。空海はデザイナーであったとすると、ブランドデザインレベルまでデザイナーが引き上げられて、デザイナーのありようが浮かぶのではないかと思うのです。詩も書いたし、絵も描いたし、音楽、建築や土木、気象も究め、ありとあらゆることをした人だと思います。

私は、お遍路で八十八カ所を妻と二人で歩いて、いまのところ半分まで回っています。会社を終えたときにいくつか誓いを立てたなかの一つが、歩いて八十八カ所を回ることでした。ところが、多摩美大に呼ばれたものだからなかなか時間がなくて、それでも、一〇日ずつぐらいに分けて二人で歩いています。いま、青龍寺辺りまで行っていますが、そこから先はまだ行けていません。だから、早く学校の仕事を終えて行こうよ、と二人でいい合っているのですが、お遍路を終えたら、書けるのではないかと思っています。

自分と空海を照らし合わせるというのも大変不遜なことですが、たとえば一八歳で大学へ行き、二四歳で『三教指帰』を書き、三〇歳で遣唐使として中国、当時の海外へ行ったなど、その時代の節々と照らしながら、一緒に歩いていきます。そういうことをしながら書ければいいと思っています。

（注）

1 日本を代表するインテリアデザイナー。一九六一年に発表されたラタンチェアーは、日本の家具として初めてニューヨーク近代美術館（ＭＯＭＡ）の永久収蔵品に加えられた。

2 アートセンター・カレッジ・オブ・デザイン。一九三〇年に設立されたアメリカ・ロサンゼルスの美術大学。世界的に著名な自動車デザイナーを数多く輩出している。

3 榮久庵憲司氏。日本の工業デザインの草分け。「キッコーマンしょうゆ卓上びん」のデザイン等を手がけた。

困難を乗り越えて

（二〇〇八年二月インタビュー）

【長谷川 武彦氏　略歴】

一九三一年（昭和六年）一一月二六日、愛知県名古屋市生まれ。一九五八年（昭和三三年）、ヤマハ技術研究所を経てヤマハ発動機株式会社に入社。同社の社長や会長を歴任された。トヨタ2000GTの共同開発や電動ハイブリッド自転車「PAS」の開発にかかわった。社団法人日本自動車工業会理事、社団法人日本舟艇工業会会長等の公職を歴任。

ヤマハ発動機の代表取締役社長を務めておられた長谷川武彦氏は、オートバイの世界グランプリレース監督としてメーカーグランプリを二年連続で獲得され、名車と謳われた「トヨタ2000GT」の共同開発に携わられた後、HY戦争後の挫折を乗り越えられ、同社の社長や会長を歴任された。

対談では、ヤマハ発動機のコアである「感動創造」や、チームとして全体最適を図るための結束力の大切さ、挫折した際に出会われた「則天去私」という言葉についてお話を伺った。

「感動創造」のためには、傷つくことをおそれずに矛盾や困難に挑み、こだわり（感性）と合理性（採算性）の両立を目指すことが重要だと長谷川氏はお考えになっている。失敗して一歩後退しても、「なぜ自分は失敗したのか」を素早く学び二歩前進すれば、失敗は帳消しになるのである。

1　競争で生き残る

長谷川　自然界の生き物にとって、変化や競争の克服は生存への必然的条件となります。事業や経営の栄枯盛衰も、このことから学ぶ点がたくさんあります。たとえばサバンナでは、最も強いライオンがすべて捕食してしまい、残りの生き物は絶滅してしまうのかといったら、そんなことはありません。それぞれの生き物は身体的な特徴や特性を活かし、環境の変化、危険に対して適応するために、それなりに変身をしながら生き残っています。最終的には個性のある生き物として生存してきたという事実があります。たとえば、ライオンが攻め寄って来たら木の上に飛び上がるとか、あるいは小さい動物であれば、危機に際して水面上を対岸まで走っていくようなものもいて、感心します。自分の身体的な特徴や特性を活かして、その場でさっと危険に対処していきます。変身し周りに適応しながら、個性のある生き物として実際に存在していくのです。

事業や経営の栄枯盛衰も、このことから学ぶことがたくさんあります。自社の得意なものやコア技術とは一体何なのか、もう一度振り返ってみる必要があるでしょう。自分自身の特徴や特性を知り、それらを活かして、それぞれの時代に適応して生きていくのです。場合によっては、事業が非常に縮小してしまうような感じを受けるかもしれませんが、事業は何も拡大ばかりではありません。まずは世の中に適応しなければならないのです。その意味では、事業の整理をしていくということにもなります。何を軸として組み立てるのか、ということです。いつの世もこのようなことはいわれてきましたが、環境に適した経営にもう一度進化をさせていく努力や戦略というものが、いままさに必要なのではないかと思います。

――競争とは、「競合」と「争奪」の二つのことばに分かれるといわれます。つまり、「競合」とは自社と競争相手の領域があまり重ならない状態で、互いに相手の存在を認め合っている状況です。一方、「争奪」は領域が重なり、そのために相手と奪い合わざるをえない状況です。それぞれの企業が、自分の特徴や特性をよく知ったうえで、それを活かして「競合」していく。自分が生きていく領域を創造する努力や戦略が必要なのですね。

長谷川　ちょうど五〇年前にヤマハ発動機へ入社する前に、他社でオートバイエンジンの設計をしていました。当時、全国で約一〇〇～一二〇社のオートバイメーカーが乱立していて「何といっても自社の製品が優秀だ」とPRしながら生き残りの競争をしていました。レースに勝つことで製品の優秀さをアピールしようと、当時、さまざまなレースが全国にありました。レースに勝って、会社の知名度を上げていくという一つの経営戦略でした。一九五二年から一九五九年頃の時代です。

ヤマハ発動機の場合も当時、川上源一さんはレースに勝つということを一つの経営戦略として、相当重視していました。その頃日本では、富士登山レース、浅間火山レースというレースがあり、「何しろ勝つのだ」と。

ヤマハ発動機は一九五五年に発足をしたのですが、会社発足を目指しながら、一九五三年頃からレースに勝つための研究や準備を進めていて、会社発足と同時にレースに参戦し、華々しく勝利したということがあります。いまにして思うと、会社を発足させると同時にレースで勝つということは、川上さんが当時の経営戦略を完全に実現されたのだな、と思います。

2 レースから学ぶ〜創造力、構想力、結束力〜

長谷川　私は一九五八年にヤマハ発動機に入社しました。先のとおり、オートバイのエンジン設計の経験がありましたから、「GPレース（グランプリレース。モータースポーツの世界で、それぞれの国・地域で行われる最高位のレース）のほうをやれ」ということになり、オートバイの世界GPレースのマシン開発に携わり、その後レースのチームリーダー、最終的にはレースの責任者となり、一九六〇年代の二五〇ccクラスでメーカーチャンピオンを二回獲得できました。これは、海外市場へ進出するという経営戦略上、どうしても日本国内のレースだけではなく、世界で著名なレースに勝つ必要があったのです。

――海外レースのはしりは、カタリナのグランプリレースだったのでしょうか。

長谷川　カタリナは、市販車を少し改造していっただけのレースで、まだ本格的なものではありませんでした。

――では本格的なレースとなりますと、一九六〇年代の世界グランプリということになるのでしょうか。

長谷川　そうですね。まず国内で浅間火山レースや富士登山レースなどがあり、これらで勝った後に、海外での小手調べということで、カタリナへ行ったと思います。

――浅間火山レースでは、ホンダのエンジン音を聞き、大きな衝撃を受けられたとお聞きしました。

長谷川　GPレースへの本格的参戦を意識し出した頃、第三回浅間火山レースの現場でホンダの四気筒二五〇ccのエンジン音を聞いて、「ああ、これはもう勝負にならない」と思いました。彼らは完全に世界のGPレース、マン島レースを目指していて、浅間火山レースへは小手調べに来ていたのです。われわれより先を行っていたのです。一方われわれは、市販の、宣伝で石原裕次郎も乗ったYDS-1という二五〇ccのスポーツバイクの改造車での参戦でしたから。

――YDS-1は、静岡県優秀発明考案賞をとられたバイクですね。

長谷川　そうです。そのYDS-1を改造してレース用としてもっていきましたが、ホンダはすでにマン島レースを意図したバイクをもってきているのです。われわれの目的は浅間火山レースで勝つことでしたからね。ですから、ホンダのエンジン音を聞いた途端に、「ああこれはもう全然目的が違う、負けた」と。それで私はもう浅間のレースへは行きませんでした。

――翌年から?

長谷川　いや、その時に。エンジン音を聞いたときから、もう勝負にならないと。翌日からレース行きを中止させてもらいました。

――さっそく世界を目指したバイクづくりに入られたのですね。

長谷川　そうです。その世界を目指していた当時は、設計開発のツールとして、今時のコンピュータなどなく、計算機といっても、手回しのタイガーの計算機（一九二三年から「虎印計算機」として製造開始された手動式の計算機。加減乗除が可能であった。一九六〇年代後半にＬＳＩ電卓が開発されると次第に姿を消した）しかありませんでした。ガーっと手で回して計算させるものです。後はエンジンの中身から全部、手ですべての図面を書きました。図面の「青焼き」コピーをとって、これらをもとにつくっていました。

手書きの設計図による試作とテスト、いわゆるトライ・アンド・エラーが主体で、スピードは遅かったです。時間を稼ぐために、徹夜をよくしました。しかし、よいこともありました。トライ・アンド・エラーのおかげで、「無いものを描く」という創造力が身につきました。

もう一つ、構想力も必要です。これは全体の構造や全体像を頭に入れ、どうバランスさせるかということです。この創造力や構想力というもののなかで、「深み」というのが身についたと思います。コンピュータではなくて、頭のなかでずっと何回も何回も考えているうちに、目をつぶったら、ぱっと頭に浮かんできます。そういうことが身についたのが、後から思うと、素晴らしい経験でした。

――「自動車屋さんには自動車屋がいない」という話があります。エンジン屋だとかサスペンション屋など、各コンポーネントの専門家はいても、自動車全体の専門家が実はなかなかいない、という話なのですが、長谷川さんは全体の構成を把握されているなという印象があります。

長谷川　ものがオートバイですから。小さいからでしょうが、ぱっと自分で把握できます。それにしても、コンピュータに頼りすぎるのはよくありませんね。隣の席の人と会話もせずに、カタカタと一人で仕事をしているでしょう。現場へ行っても本当に静かです。「なぜ、喧々諤々とやらないのか」というと、「いや、これ（コンピュータ）でしています」と。電子メールのことなのでしょうが、直接会話したほうが、全体のバランス感を議論でき、スピーディだと思うのですが。

――ご著書の『感動創造』に、「人機一体」というお言葉があったと思います。これはおそらく、ものを構想したり、創造したりするなかで、腹の底から湧き出た言葉の一つだと思います。ものづくりでは、まさにこういうものを考え出すことが重要なのですね。

長谷川　特にバイクというのは、体が風に直接触れますよね。車ですと、ボディーのなかに自分がいますから、〝in〟です。一方バイクは、〝on〟という感じですよね。あるいは、〝with〟とか。バイクはそのままずばり、「人機一体」という感じです。

バイクは実用からレジャーへと需要が拡がるにつれて、エンジンは単気筒から二、三、四気筒。形状は直立、水平、V字型と、それぞれの組合せと工夫で個性的な特性や独自の完成車スタイルを実現させてきました。こういう工夫がされたバイクに、上から人が乗っているわけですから、本当に人機一体という感じです。この感覚を何とか出したいという思いがありました。

――運転する人が風を感じられるようにしたい、という思いですね。

長谷川　「どうしてもこのスタイル・デザインでいきたい」ということです。「エンジンを何とかして、この空間のなかに収めたい。そこを何とかしたい」と。「人機一体」の主体はあくまでも人間ですから、その人間が風を感じ、自分が生きているというのを感じる、ということですね。まさしく人間は自然と共存しているわけですから。

このような感覚は、自然と身についていました。他と比べてどうかというのではなく、初めからそういうものだと思っていましたから、何の抵抗もなかったのです。それがかえってよかったのかもしれません。

――トヨタ2000GTに携わられた際のお話をお聞かせください。

長谷川　一九六六年二月、川上社長より「トヨタ自動車との間でスポーツカー開発生産のメドがついた。トヨタ２０００ＧＴの生産担当として自動車部長に任命する」とお聞きしました。この命令には驚いて、「四輪の知識も経験もまったくなく、無理です」と断ったのですが、「君はＧＰレースで世界を制したではないか。世界を知った男ならやってみろ」とおっしゃったのです。この殺し文句はいまでも憶えています。

少量生産のため一台一台、試作の延長でものをつくっていこうという時代でしたから、多少合理化をしても車体ボディーは手板金仕上げです。

ところが、私にはそのスキルがないので、何の力にもなれません。そんな私をみたトヨタさんから「長谷川さん、カロッツェリアに行ったことありますか」と聞かれました。カロッツェリアとは、試作車や新しいデザインを仕掛ける小さな工房のことです。

早速、上司の反対を押し切って、ヨーロッパへ出掛けました。二輪レースでは公式燃料はシェル石油でした。知人であるロンドン・シェルのスポーツ部長にカロッツェリアや小さいスポーツカー・メーカーの製造現場の見学を頼みました。「ヤマハのレース責任者が、製造現場見学を希望している」と。すると即日、アストン・マーチン社やジャガー社がＯＫをくれました。製造現場の写真も自由に許可してもらい、大いに参考となりました。その後、イギリス、ドイツ、フランス、イタリアのスポーツカー・メーカー、ル・マン二四時間レースのピット作業など、四〇日間を完全に活用して、勉強させていただきました。このときの資料、経験、人脈が新しい仕事に対する構想力のベースとなったのです。

さらに、トヨタさんの完成車検査のベテランには、徹底的な品質指導と検査方法を教えてもらいました。厳しさと苦しさに耐え、スポーツカーづくりの目的を達成した喜びを味わうことができました。

――ヤマハの創業をなさった山葉寅楠さんは、アメリカ製のオルガンの修理をなさっていたと聞きました。その修理の過程でも、きっと創造力や構想力が養われたのでしょう。

長谷川　寅楠さんも、見事にオルガンを直しました。「ここをこうしよう」というノウハウ、想像力、構想力があったのです。自分ですべてばらして直していたということだから、すべて頭に入っていたのでしょう。

――そういうことでしょうね。ものは違いますが、みんな同じ歩みをなさっているということですね。

長谷川　コンピュータがない時代であったからこそ、創造力や構想力の深みが身についたと思います。構造、強度、振動、潤滑などのバランスが、目にぱっと浮かぶのです。

それは、何としてもレースで勝つのだという、使命感から出てくるものでしょう。また、チームとしての役割や結束力、速やかな情報の共有も必要です。チーム全体で情報を共有し意思決定します。こういうものが、勝てる知恵というのを編み出したのだと思っています。

全体最適で動く例として、アメリカの海兵隊がありますね。彼らは少数精鋭主義です。少数精鋭の利点でもありますが、チームとして目的を達成するための組織ですから、一丸となって本当に戦略的に動くことができるのです。レースもそうですが、ここで勝てる知恵を生み出したのだ、と思います。

――アメリカの海兵隊には、大きく役割が四つほどあると思います。一つ目は、空爆対象の施設を調べる役、二つ目は、ミサイル基地を発見するために必要な武器をそろえる役、三つ目は、弾が命中したかどうかを検証する役、最後は兵站役とあり、それぞれの役割が明確です。きっと少数精鋭のレースチームと同じなのでしょうね。

長谷川　サッカーもそうですよね。自分のポジションは大体決まっていますが、ボールが自分の近くへ来て、たとえそこが自分の守備範囲でなくても、ボールを蹴ってゴールを目指します。これが全体最適の考え方ですよね。部分最適ではなく、チャンスがあればチーム全体のために貢献をするということです。つまり、守備範囲を超えて、役割を果たすことが、全体最適なのです。

――そうなりますと、先ほどの少数精鋭にならざるをえないというか、状況判断力が備わっていなければならないということですね。

長谷川　そうですね。

――レースのご経験のなかで、チームが一丸となって情報共有を行って知恵を出し合い、逆転勝利されたこともありましたか。

長谷川　逆転勝利も、ラッキーもありました。レースでは思わぬことが起きます。敵がつぶれれば自分が勝つわけですから、敵の走行の仕方をみて、弱点を書き出すことも大事です。要するに、勝つための情報を知ることも戦略の一つです。

――競争相手がいる、ということですね。競争で勝つためには、みんなで結束してことに当たらねばならない。

長谷川　そうですね。総合力や結束力といった集団の活動が問題になります。専門家を集めて「総合力だ」とよくいいますが、下手をすると、それぞれの専門家が「私はここの専門だ」という部分最適のまま、総合力ではなく専門家の集団だけであったりします。

一体感をもってチームで動くわけですから、全体最適がとにかく重要です。お互いが自分の範囲を超えて知恵を出し合い、信頼感をつくりあげるのです。これが本当の全体最適なのではないでしょうか。互いに知恵を出しつつ、スピーディに動く、ということですから、私は総合力より信頼感や知恵に裏打ちされた結束力が必要なのだろうと思います。

3　マン島レース

長谷川　レースをやってきて、いまだに忘れられない教訓があります。

ちょうど四七年前に、私が初めてマン島へ行ったときに、この車（写真1参照）を設計していきました。カウリングがハンドルグリップまで覆う、袖のついたドルフィン型です。風洞実験では空気抵抗が少なく結果がよかったのです。ところがマン島の現場に行くと「あっ、これはだめだ」と思いました。カーブ部分で車体を横に倒したときに、体がはみ出るでしょう。その時に風防が邪魔になってまったくだめだったのです。そういう非常にプリミティブなことに気が

写真1　ドルフィン型バイク

写真2　マン島レース

つかなかったのです。日本でテストしたときはよかったのですが、もっと極端に体を倒さなければならないところが、レース場ではあるのです。だから他のチームは風防を切っていたのですが、そういうようなことは、現場に行かなければわかりません。それで、マン島へもっていってから、カウリングを後でカットすることになりました（写真2参照）。

——マン島は、相当な急カーブだったようですね。

長谷川　そうですね。当時のコースは、一周六〇キロメートルで約一五〇カ所のカーブがありました。山からざっとおりてきて直角に曲がるようなカーブまでありました。当時はバイクのスピードがいまのように速くありませんでしたから、転倒程度ですんでいました。ところが、年々バイクのスピードが上がっていくにつれ、カーブの手前にあった石の小屋に激突して、死亡事故まで起きるようになりました。そのためあまりにも過酷だと、レーサーがボイコットしたほどです。

――マン島での思い出をお話しいただけますでしょうか。

長谷川 マン島というのは、イングランドとスコットランド、アイルランドに挟まれた島で（図表1参照）、淡路島と同じぐらいの大きさです。人口が約八〇〇〇～一万人程度の小島です。国旗は「スリーレッグス」という有名な三本足の旗です。この国旗には"Anywhere you throw me, I stand"という文字が込められています。どこへ放られても、三本足だから立ちあがります、ということです。私はマン島で初めてこの国旗をみて、外国人も私たちも同じ志だと思いました。五〇年前の話ですが、いまでも頭に浮かんできます。「負けてたまるか」という根性です。

マン島は小島ですから、昔から三つの国から干渉されていました。占領された時代もありましたが、「何があっても、私たちは負けない」「どこに放られても私は立つ」という独立心がとても強いのです。存在価値といいますか、個性を重要視する。小さくても存在価値があって尊重されるような国になるにはどうすればいいかということで、保養地のメッカとなり、若者を集めてレースを開こうと考えたのです。それがTTレースです。TTとは、「ツーリスト・トロフィー」です。いろいろな国から旅行者として来て、トロフィーを争うということからTTレースと呼ばれています。

「小さくてもばかにするな、私は私で生きるのだ」という個性を発揮しているのです。いまで

図表1　マン島について

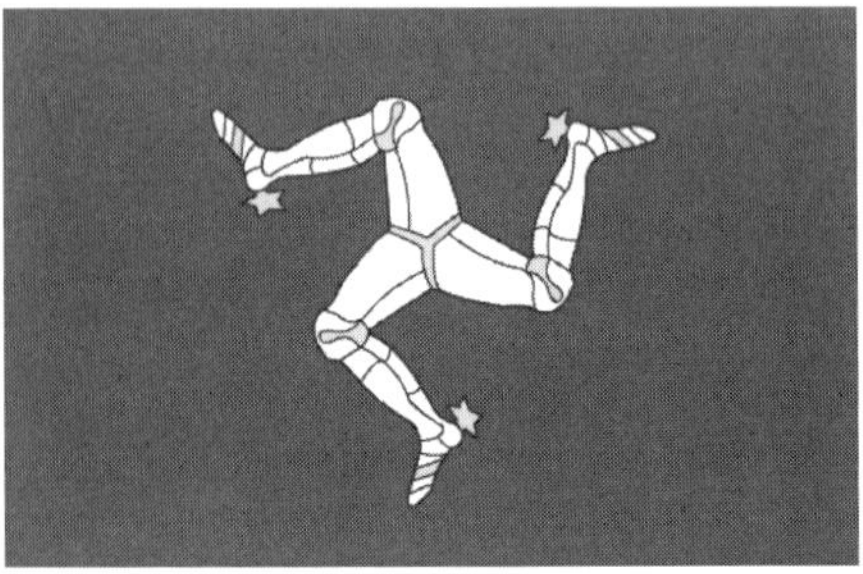

マン島の国旗

マン島の紋章

モットー：Quocunque Jeceris Stabit
（日本語：投ぐればいずくにでも、立たん）
（英語：Anywhere you throw me, I stand.）

も心のなかにあり、苦しいときに「マン島もああだったではないか、私も頑張らねば」と思い出します。

4　一歩後退、二歩前進

長谷川　何事でも、失敗すると一歩後退になります。ところが、「なぜ自分は失敗したのか」ということを素早く学び、次に二歩前進すれば、結局一歩前進したことになります。一歩後退したがゆえに、二歩出ることを学ぶわけです。このようにプラス思考で考えれば、失敗は帳消しになります。自分にそういう暗示をかけてやる気を出すとか、さらなる知恵を出すことを、私は自然体で行ってきました。レースはまさに「一歩後退、二歩前進」の連続でした。気持ちの切替えをして、失敗をバネにすることによって、あきらめることなく挑戦し、やり遂げました。このような根性を、自分流に開発したのだと思います。

――本田宗一郎さんが卒業なさった二俣（静岡県浜松市天竜区）の小学校にお邪魔したときに、本田さんが小学校の母校の小学生に宛てておお手紙を残されておりまして、同じようなことを書かれていました。表現は違いますけれども、「試す人になれ。反省と努力」と。だから、試さない限り一歩後退も二歩前進もないわけです。

長谷川　同業者や友人たちのやり方をみて、「あそこがこうだったから、われわれもこのくらいの努力でいいのではないか」とか、「こんなことをすると損をしそうだ」と駆け引きをしてしまうと、一歩後退、二歩前進は出てきません。だから横並び思考は、よくないのです。苦しくても気持ちを切り替えて、オリジナルを追求する気力と努力を持続しなければ、「二歩前進」はありません。あきらめたら、もうそこですべてが終わりだということです。

――長谷川さんのご著書の『感動創造』のなかでも、創造の〝創〟の字を例にとられて、「失敗を恐れてはならない」、「失敗から学ぶ」ことの重要性をお書きになられていました。

長谷川　「創」という字の「倉」には、傷という意味があります。また、りっとうには、刀という意味があります。「創」の字は、他人から切られる〝刀傷〟を表しています。また「槍」という字は、まさにヤリということで、木の先を尖らせて傷をつけるものを、「愴」という字は、り

図表2　槍 愴 創

槍　愴　創

っしんべんに傷ということで、心の傷を意味します（図表2参照）。

ビジネスでは、「創」の刀傷を失敗と置き換えることができます。創造的な仕事を行おうとするときは、正面から切られる、つまり失敗する覚悟を決めて挑む必要があります。創造的な仕事というのは、これまでの知識や秩序から生まれるものではなく、失敗の可能性が高い未知なものを多分に含むからですね。刀傷をおそれず、真正面から挑戦し、新しいものを生み出すことが、創造なのです。潔く正面から切られた刀傷のほうが、治りが早いものなのです。きれいな傷であれば、傷が回復した際に、以前よりも皮膚が強くなる、鍛錬されるものだと。

重要なのは「失敗をする・しない」ではなくて、「失敗した後、どのようにその失敗を乗り越えるか」ということです。「失敗から何を学ぶか」を素直に考えることが、失敗を活かすことにつながると思います。

5　ものづくりは本物志向

―これまでにないものをかたちにするには、並外れたこだわりが求められると思います。ものづくりにかかわられたなかで、こだわってこられたことについてお聞かせください。

長谷川　「ものづくりは本物志向」ということです。

本物といわれるものは、「ある価値観へのこだわりが、非常に明快であると同時に、確かな個性となって納得できる価値を提供するもの」ではないかと思います。

最近よくいわれる、CSRや価値創造のことですが、いま、どの企業も、資源や環境という分野において、社会的責任を果たしながら、価値創造や競争力の向上を目指していくことが、最大の使命となってきました。

これらの使命を果たすことができなければ、これからは世間から認められない。もうそんな世の中になってきました。社会的責任と価値創造を両立させるなかで本物を追求する、ということです。

特に、現代は変化の時代でもあります。消費者のニーズの変化に合った本物が生まれるチャンスでもあります。世間の期待を超えるレベルを目指した創造活動が、特に重要で、いままでのものを完全に超えないと、人から評価されないのです。

ところが、価値の創造、機能の利便性を追求してきたため、機構が複雑になり、製品によっては、ある限界を感じることがありました。

その一方で、「楽しい、簡単、軽い、安全」をキーワードとして、坂道が楽に走行でき、女性

写真3　電動ハイブリッド自転車「PAS」

からも支持されることを期待した、新しい乗物の研究開発が始まりました。

二〇年以上前の話ですが、電動ハイブリッド自転車PAS（パス）の開発をしました。動力の半分を電力で補助をするという機能をもった商品です（写真3参照）。動力の補助をして、楽にペダリングができるということです。それだけではなくて、私はもう一つの価値として「スタート時に、ちょうど後ろから背中を優しく押されている感じがする」という点にこだわりました。嬉しいとか、楽しいとかというイメージです。だから、この「人に後ろから押されている感じで、すっとうまく発進ができる」という開発に、三年を要したのです。

――三年もかかったということは、PASは一九九三年発売ですから、一九九〇年頃からでしょうか。

長谷川　はい、随分長い間開発しました。これがなかなか大変だったのです。当初の補助動力は、エンジンだったのです。エンジンメーカーですからね。しかし、エンジンでは最後まで振動がうまく取り除けませんでした。どうしてもエンジンでは駄目だということで、電動になったのです。

――いまは家庭でプラグインして充電もできますね。

長谷川　そうです。バッテリーも昔は鉛でした。大きいかたちの鉛です。それまでバッテリーを自転車につけるなんてことはなかったわけですが、この大きいバッテリーを小さくしようと、日本電池さんと多くの時間をかけて、開発しました。

――先方もびっくりしたでしょうね。

長谷川　当時の社長さんとは直接交渉をしました。開発を進めるなかで、どうしてもすべてディスチャージをしないと次の充電ができませんでした。電気の注ぎ足しができないのです。いまのリチウム電池は問題なく注ぎ足しができますが。

――鉛電池ならではの限界だったということですね。

長谷川　リチウム電池になって、家庭のコンセントからの直接充電へと進化してきたのです。

――PAS発売直後に長谷川さんのところにお手紙が届いたとお聞きしました。

長谷川　はい。あるおばあさんからお手紙をいただきました。亡くなったご主人のお墓が坂の上にあって、昔はまだお若かったからご自分で自転車を漕いでお参りに行くことができました。ところが、お年を重ねられるにつれ、もうご自身の力では登れなくなり、自転車を押して行かなければならなくなり、とても大変になってしまったのです。その時にちょうどPASが発売されて、また昔と同じく楽にお墓へ行けるようになった、ということでした。このお手紙をいただいて、本当に技術者冥利に尽きました。

――おばあさんの背中を押したわけですね。

長谷川　年配の方が自転車に乗る際のいちばんの問題は、スタート時のふらつきなのです。そこで、後ろからすっと押してもらう感じで、すっと第一歩が出る、ということが非常に大事になるのです。電動で補助していますから、これができるのです。この「後ろから背中を押してもらう感覚」を出すために、三年間もかかったのです。

――時間をかけた甲斐がありましたね。

長谷川　電動ハイブリッド自転車PASは、実はトヨタさんがプリウスのハイブリッドを出す前に発売したのです。ところが向こうが本家になってしまったものですから、このハイブリッド自転車というのが、知らない間に業界全体で「電動アシスト自転車」ということになりました。

この電動アシストは、いまや年間約二八万台の市場規模になっています。仲間と小旅行をしたり、いろいろな遊び心、健康やコミュニケーション、スポーツ等々へと市場が広がってきました。今後もさらに進化して、皆様から愛される本物になっていくといいな、と思います。PAS

を応用して、車イスにも展開しています。

——ヤマハ・コミュニケーションプラザにも、車イスが展示されておりました。

長谷川　簡単に、車イスが電動に改造できるのです。自分が普段使っている車イスを改造すると、すいすいと行けるわけです。

——最近たしかに、随分よく街でも見かけますね。

長谷川　普通の電動の車イスは、大きいバッテリーをつけていて、みな重いんです。ＰＡＳの電動の車イスは、外付けのバッテリーを装着する、ホイルイン・モーターの車です。ホイルのハブにモーターが入っているわけです。折り畳んで持ち運びもでき、電車のなかにもち込めます。電車を降りて、ぱちんと車イスを開き、そこにバッテリーを差し込むと、もう電動になるわけです。

やはり皆様から愛されるものへ、もっと、便利に進化をするといいな、と思っています。

6　矛盾や困難の解決に挑戦～「こだわり」と「合理性」の両立～

——「世の中の変動に対応しているだけでは振り回されるばかりだ。〝変動を貫く志〟が大切だと思う。根無し草ではなく、オリジナルやアイデンティティを大切にしたい。〝感動創造企業〟を企業目標に掲げたのはそのためだ」（日刊工業新聞、一九九九年六月二八日付）とのご発言がありますが、実際には採算性とオリジナリティを両立させていくことは、非常にむずかしいと思います。

長谷川　そうですね。とても大変です。しかしながら、果敢に矛盾や困難の解決に挑戦をする、ということが必要となってきます（図表3参照）。横軸を合理性としますと、縦軸のほうがこだわりや感性です。この二軸の二等分線、この線が目指すラインであり、両立しているということです。この両立は、次元が低ければ、すなわち原点に近ければ比較的簡単に実現できるのです。しかし徐々にレベルが高くなって、たとえばコストという合理性を追求しながらも一方でこだわりも保つ、といったことはむずかしい課題です。この困難に取り組むのが、一つのチャレンジです。精神を守るということですね。

――合理性とこだわりが両立しているものの、低い次元のところでは駄目ということですね。

長谷川　そのような次元では、割と実現できるのです。しかし、レベルが高くなってくると、だんだんハードルが上がります。こだわりや感性のレベルが上がるにつれて相対する二つの要件、これは矛盾といわれるものかもしれませんが、やはりこれらの矛盾に挑戦をする、ということです。

一般的に「よくやった」といわれることは、二等分線上にこだわりと合理性が両立しているようでも、実は低レベルなことであったり、もしくは実際には両立がうまくできていないが、よくやったといっていたりすることが多いようです。たとえば「目標までコスト削減ができなかった

図表３　矛盾や困難に挑戦する

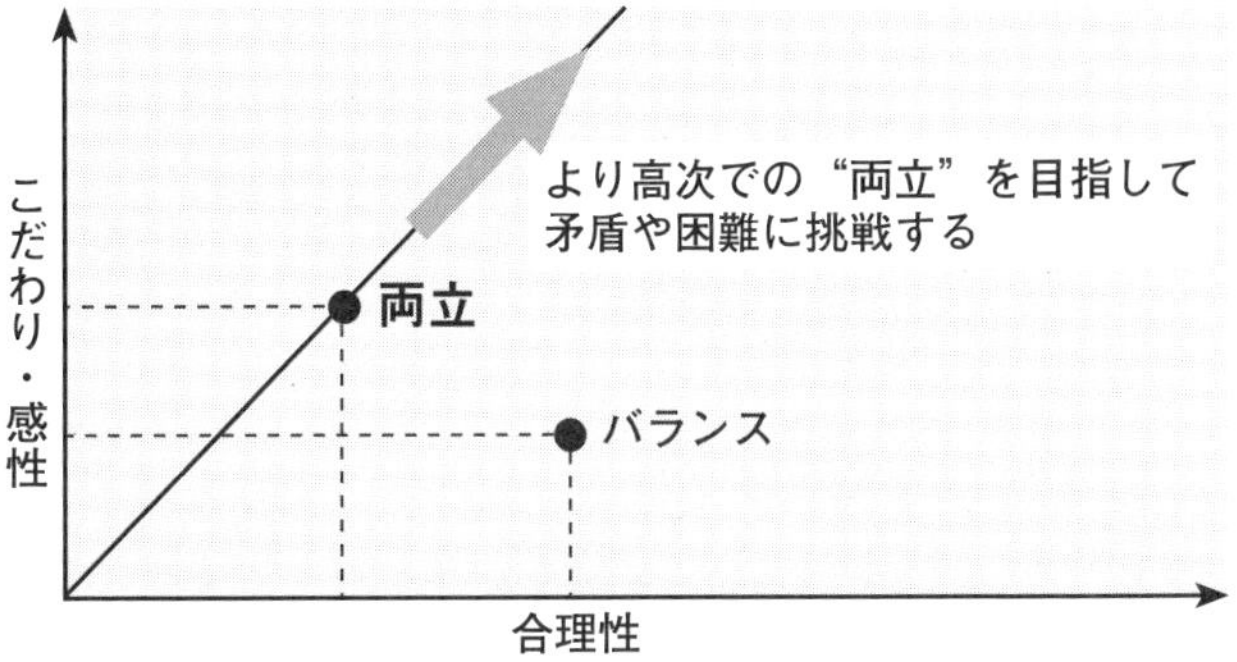

が、ある程度こだわりが出せたので、まあこのあたりでよいか」といったケースがあります。これはバランスをとることを目的としていて、両立ではありません。私はあくまでもバランスではなくて、両立を目指してきました。

両立とは、こだわりと合理性の双方を完全に満足することを目標に置いて、それに向かって挑戦すること、矛盾とか困難の解決にチャレンジするということです。本当にレベルが高くなると容易ではないのですが、これにうまく対処するため、知識と知恵の合わせ技が出てくるわけです。新しいものの創造となると、人間が知恵を出さなければいけません。何くそ、と思ってやっていると、知恵が湧き出てくると信じます。

二〇〇二年にノーベル化学賞を受賞された、島津製作所の田中耕一氏も、そういうことをおっしゃっておられます。あの方も、どのぐらい失敗したかわかりませんが、失敗をある程度整理しながら研究を進められたのではないかと思います。「あることを行ったら、いままでにない現象が起きた。その現象は、これまでの失敗の体系のなかのどれに当てはまるのか」といったかたちで実験を進め、あるときにピンとひらめいたのではないかと思います。そのひらめきが大変な発見につながり、ノーベル賞まで受賞されたのではないでしょうか。ただ、やみくもに実験をしていたわけではないのですね。おそらく、失敗の体系付けをされてこなければ、この偉業は達成できなかったであろうと考えています。

これからまだ、知識と知恵の合わせ技や最先端のハイテクとローテクの合わせ技などが必要になると思います。東京大学の藤本さん（藤本隆宏東京大学大学院経済学研究科教授）もおっしゃっていますが、すり合わせ技術だとかインテグレーション（統合）ということです。「そこを何とかならないか」といって知恵を出して、矛盾や困難の解決に挑戦します。

矛盾に挑戦しても、あきらめたら終わりになるのです。両立させるということは、「あきらめない」ということです。困難というものが自分にとってチャンスだと、そういうプラス思考をもたないと、知恵が出てこないのです。物は有限、知恵は無限なのですからね。

――「たしかに便利だけれども一〇〇万円もする」、というのは困りますね。

長谷川　困りますね。「この値段で、この商品。これはすごいな」というものでなければなりません。感動を与えるものでなければなりません。こだわりと合理性が両立した直線上に、感動創造があると思っています。ここを目指して努力しなければなりません。当然、すぐできるものではありませんが、常に創造するという心がけをしていれば、少しでも近づくことができるはずです。

――先日、御社の磐田工場を見学させていただき、バイクのエンジン生産ラインを拝見しました。やはり四輪車のエンジンと違い、バイクの場合はエンジンや燃料タンクがそのまま外に露出していますから、機能部品＝デザイン、ということで、ラインでエンジンを製造されている方々が、コンポーネントをピカピカに磨いておられました。製品に対する愛情と申しますか、こだわりといったものを垣間見た気がしました。お客さんに感動を与えるためには、こういったことの積み重ねも必要なのですね。

7　経営の多軸化

――「多角化はそれぞれの事業が互いに無関係に点在した事業展開であり、多軸化は一本の軸から互いに相関しながら放射状に広がった事業ということができる」（『感動創造』）とありますが、シャープにも「多核化」という考え方があります。シャープは、シャープペンシルから始まり、その後開発したラジオの超短波技術を応用してテレビや電子レンジに進出するなど、その発展は「多軸化」と似ていると思いますが、ヤマハ発動機さんで実施なさった「多軸化」についてお聞かせください。

長谷川　「多角化」はよくいわれるのですが、「多軸化」はあまりいわれませんよね。

一般的に多角化は、本業と違った仕事であったとしても、ビジネスチャンスがあれば参入する、ということですよね。何かまた別の新しいチャンスが出てくれば参入します。「この企業は、実はこんなこともやっています」というのを多角化といっているのではないでしょうか。私のいう多軸化というのはこれと異なっていまして、意図的に自社のコア技術や精神・こだわりに関連付けを行いながら事業を展開していくというものです。

ヤマハ発動機のコアは、やはりエンジンです。エンジンを陸で使えば、オートバイや四輪車となります。海や川では船外機、空ではヘリコプター、ということになります。このように、会社の特徴なりコアのようなものを一つの軸として展開するということです。一つの軸を中心としたほうが、機動力や総合力といったものを発揮しやすいのではないでしょうか。

コアとなる機能、エンジンであれば陸・海・空それぞれの事業分野に応用して早期参入することが可能となります。海ですと船外機の次はウォーター・ビークルへ、陸ですとオートバイの次は汎用エンジンへ、といった具合です。多軸的であるというのは、このようなことをいっています。

近年、特に要求されておりますCSRの実践、環境の問題とか資源の問題への対応なども、軸となるコアへ集中投資することにより、多軸的に発展したそれぞれの事業へ効率よく波及させることができます。また、品質で何か問題があったとき、たとえばある製品のエンジンに問題が発生した場合、この特定のエンジンへの手当ての内容が、エンジン全体の経験として集積されます。陸のエンジンの問題対応で学習したことを、コア機能たるエンジン本家へ反映し、それを再び海や空の個別のエンジンへ展開するといった感じでしょうか。

そうすると、技術情報の蓄積や品質向上、技術の応用や活用ということが、コアを中心として発展していくのです。いってみれば、コアを中心として求心力と遠心力のようなものが働くのであろうと思います。エンジンを構成している鋳造技術もまた、コア機能として多方面に展開しています。

――一九五五年にヤマハ発動機が発足する際、製造技術の母体は、たしか戦時中のプロペラ工場であったと記憶しておりますが、このプロペラ工場での経験が、ヤマハ発動機の軸の源流となっていったのでしょうか。

長谷川　日本楽器（現・ヤマハ）では、太平洋戦争の頃、軍需産業として木製プロペラ製造を行っていたようですが、戦争中期には高性能の金属プロペラ製造へと転換がなされて、精密工作機も輸入されていました。終戦になり、機械工場は閉鎖されましたが、時は過ぎ、機械閉鎖は解除され、平和利用しようと川上源一さんが発想され、種々の調査研究活動が始まったと聞いております。

――当時ですから、たとえばオート三輪などでしょうか。

長谷川　オート三輪もすべて調べたようですが、当時はやはりバイクが盛んで、すでに一〇〇社以上のオートバイメーカーがありました。「これは大変激しい競争になるけれども、これからの日本の将来や国民生活を考えてみた場合、やはりバイクが国民の足になるな」、ということで勝負しようと。先にもお話しましたが、この勝負に勝つために、レースで名をあげてマーケティングの戦略としようと決断されたのです。

——ヤマハ発動機さん発足の端緒は、エンジンではなく精密機械だったわけですね。

長谷川　精密機械の平和利用・活用でしたね。ヤマハのオートバイは、他社オートバイとエンジン音が違いました。他社の車は、当時はまだ、極端にいえば「ガシャガシャ」という音でしたが、ヤマハの車は「ヒュンヒュン」という音が出ていました。ぱっと聞いてヤマハの車は相当精度が高いなとわかるぐらい、機械音が違ったわけです。これは歯車研削の精密機械を使って、エンジン内部の歯車を研削していたためだったのです。社内用語で「さらさら研削」といいまして、表面のみを言葉のとおり「さらっと」研削するのですが、それでも音が全然違いました。

当時、他社でそんなことをやっているところは、なかったのです。だから音を聞けば、「あっ、これはヤマハのバイクだ」とわかったものです。

会社発足当初の戦略は、レースに勝つということと、もう一つが品質でした。そこで、エンジン音で差をつけることができたと思います。

——多軸化のコアはエンジンとのお話がありましたが、精神やこだわりのコアは、やはり「感動創造」

にあったのでしょうか。

長谷川　そうです。お客さんの期待を超える感動を提供しようというのが、ヤマハ発動機のいちばんのコアになっています。感動や新しい価値、期待を超える価値を創造して提供するということが、達成感ややりがいになるわけです。こういう想いの力、次の挑戦に立ち向かう高い志をもってことにあたれば、さまざまな困難にぶち当たっても、これを乗り越える勇気や知恵を生み出すことができるのではないか、といつも思っています。

――私の知人が仕事でヤマハさんのヨーロッパオフィスを訪問させていただいた折に、現地の従業員の方がみなさん、「KANDO」という日本語を知っていたそうです。世界中に「感動創造」という想いが浸透しているのですね。

「高い志をもって」というところの〝志〟とは、すなわち期待を超えたものをつくり出すということですか。

長谷川　そうですね。こだわりと合理性を両立させるということです。やはり志とは、みんながやってきたことを自分も少し頑張る、といった程度のことではなくて、感動を追求するということです。

「さすがだ。やるな」というものでなければ、志とはいえません。「この会社だったら、このくらいのことはやるよね」というレベルでは、何も感動を呼ばないわけです。有名な一流企業となると、「そのぐらいのことはできて当たり前だ」と思われてしまいますから、なおさら大変ですが。

――期待どおりだったら「当然」、期待を少し上回ると「感謝」、期待を大幅に上回ると「感動」になる、という話を聞いたことがあります。まさに、お客様の期待を大幅に上回ることを常に行っていかなければ、感動を与えることができないのですね。

8　則天去私

――一九七九年から一九八三年にかけてのHY戦争（本田技研工業とヤマハ発動機との二輪車シェアトップ争い。大量の新商品開発や過度な値引き争いの末、ヤマハの敗北によって終焉した）の後、三信工業（現・ヤマハマリン）社長に就任されました。多くの新機種を開発された苦労の末、異動なされたわけですが、当時はどのようなお気持ちでいらっしゃいましたか。

長谷川　ホンダさんとの戦いに負けまして、私も責任をとって三信工業という子会社のほうに出向か、と思っておりましたが、出向ではなくヤマハを退職することになりました。完全に責任をとれということで、もう二度とヤマハに帰ることはない片道切符で、子会社の三信工業へ行きました。

このような経緯で、私は技術者から経営者になりました。当時五二歳でしたが、この時に「則天去私」という言葉を知り、いまもこれが座右の銘の一つになっています。本当に当時は、何で私が責任をとらなければならないのかと、正直、憤慨しました。「一生懸命、新商品をつくったのに、なぜ私がそこまでの責任をとらなければならないのか」と。

――ヤマハ・コミュニケーションプラザの二階にありました過去の製品ラインナップのチャートを拝見しますと、一九七九年から一九八三年頃まで、毎年一七～一八機種の新商品を上市されていました。

長谷川　それらを私が担当していたわけです。当時は新製品というタマの撃ち合いでした。製品自体に問題はなく、タマの撃ち合いが悪かったのではないか、と思いました。当時は「つくれつくれ」といって、売上げベースではなく出荷ベースで競争をしていたのです。

――ホンダさんも同じく、出荷ベースでみられていたのでしょうか。

長谷川　そのような時代でしたね。

――ホンダさんも、そのＨＹ戦争の期間に年間四〇機種以上、新製品を出した年があったようです。

長谷川　それはすごかったですよ。私はメンツにかけてやっていましたが、結局負けてしまいました。三信工業へ「行くと決まったら、この会社をヤマハグループのなかでトップレベルにしよう」と最終的には思ったのですが、ただそのような心境に至るまでは、本当に悔しくて、なかなか気持ちの切替えができませんでした。

もやもやした気持ちで三信工業に行くのは申しわけないということで、座禅を組んだりもしました。しかし、それでも気が落ちつかず、座右の銘としてぴったりくる言葉がないものかと、いろいろな本を読みました。その時にたまたま、「則天去私」という言葉に出会ったのです。これは本当に偶然の出会いでした（二三八頁「則天去私」解説参照）。

私なりの解釈で、則天去私とは「私心を捨て、天の使命に生きよう」ということです。それまでは自分の私心から、自分で何とかしようと思っていましたが、「結局もやもやしているだけではないか。ここは一つ私心を捨てて、天の摂理に従ってみよう。天から与えられた一つの使命だと思って『則天去私』で生きよう」と決心したのです。

その後、三信工業へ移ってから、いろいろなことがありました。その時のエピソードの一つとして、掃除のおばさんの話があります。

そのおばさんは、いつも綺麗に掃除をしてくれていました。一〇年以上勤務していることから、三信工業の社員の気持ちもよくわかるだろうと思い、「社員の気持ちを知るには、どこに行けばよいですか」とたずねました。すると、「こんなところはどうでしょうか」と、トイレを紹介してくれたのです。そこには、たくさんの落書きがありました。「給料が低い」とか、「食堂が雨漏りしていても直さない」とか。

落書きをメモして、しばらくそういう目で会社をみていると、いろいろなことがみえてきました。そして、総務課長を呼び、一つずつ質問をすると、「いやそんなことありません。ちゃんとしています」というのです。そこで私は雨の日に食堂へ行きました。雨漏りのときに現場に行かなければわからないですから。すると、ぽたぽたと雨漏りしていたのです。このように、現場をみないとわからないものです。

三信工業では、みんなはどんな思いで仕事をしているのかを知りたかったのです。現場では一生懸命に品質で問題がないようにものをつくっていましたが、働いていてみんなは何を思うのか、事業をみんながどう思っているのか、ということです。

当時、三信工業とヤマハとは、勤務時間が半年で半日違っていました。半日分、三信工業のほうが長かったのですが、古い労働条件のままだと感じ、ある日「今日は仕事をやめにして、半日をかけてみんなで話合いをしよう」と、各職場で集会を開きました。この会社をどうしたいかとか、今後どうすべきかなどについて、腰かけにみんなが座って話をしました。

——ユニークな意見はたくさん出てきましたか。

長谷川　出てきました。おもしろかったです。みんなやはり、トイレが汚いだとか、先ほどの雨漏りの件だとか、本社と給料が違うだとか、いろいろな意見を出してきました。なかには人の中傷もあり、すべてが出てきたと思います。そこで私は「運命共同体」という話をしました。「私も左遷されてここに来たのだ。私もいまはこの会社の一員だ。組合と私とは運命共同体だ。何とかこの会社を盛り立てていこうじゃないか」と。これは効きました。

当時はよい成果を出したとしても、子会社のほうが、本社に比べてボーナスが低いことが定例になっていました。そこで私は本社に直談判に行きました。「コンマ何％でいいから、〇・〇〇一％でいいから、成果を出したということを示してほしい」といいました。

――本社は、結果として、ボーナスを上げてくださったのでしょうか。

長谷川　〇・一％ですが、上がりました。それを朝礼で従業員に伝えたら、みんな万歳です。これは本当に嬉しかったです。

ほかにもいろいろしました。たとえばノウハウ展です。現場のノウハウやスキルの成果を、食堂や軒下にずらりと並べ、みんながみられるようにしました。

――お互いに何をしているのかがわかるようになりますね。

長谷川　展示の場では、それぞれの現場の人が自分の仕事の説明をしだします。初めは恥ずかしそうにしていましたが、次第に「私がしたのだ」と自信をもつようになってきました。そして自分の職場でやっていることをノウハウ展で示そうと、サンプルなども飾るようになるわけです。

――自分の仕事の中身がわかりやすくなるように。

長谷川　おもしろいもので、知らない間に競争意識が職場に出てきました。現場の改善成果をグラフに書いて、「これだけ効率が上がってきた。それにはこういう機械を使い、ここにノウハウがあったからだ」と、みんな自分たちの職場をＰＲするわけです。このノウハウ展というのは、命令でするものではなく、自分たちの職場の自慢大会です。のど自慢というのがありますが、これは職場自慢です。職場のなかが明るくなりました。次第に改善者の名前も出てくるわけです。すると、どんどん進化します。「よくやった、すごい」と感心している途端にそれを上回る成果が出てくるのです。

別の事例では、ある日アメリカのディーラーが工場見学に来られましたときの話があります。当然みなさん夫婦で来られまして、守衛さんが最後のディーラーさんの奥さんの胸に、一本のバラの花を挿したそうです。これは、誰が指図したわけでもなかったのですが。その後、ディーラーの奥さんからお手紙が来て、「こんな会社は初めてだ。守衛さんが、私にバラの花を挿してくれた」と。「私はこれからヤマハの船外機ではなくて、サンシャインの船外機を売る」と。三信工業はＳＡＮＳＨＩＮですからＳｕｎｓｈｉｎｅとも読めるわけです。サンシャインの船外機、すなわち三信工業の船外機を売ると。朝礼で、この話をすると、守衛さんは、顔を真っ赤にして頭をかいていました。

——守衛さんが、その年いちばんの営業成績をあげたのかもしれませんね。

長谷川　また別の話ですが、ある雨の日、お客さんがバスから工場の入口へ入るまでの間、雨に濡れてしまいそうだということで、事務所の女性が並んで傘を差し出したのです。みんなが自発的にやっていました。

このように、みんなの意識が変わっていきました。ものすごく会社が明るくなり活性化し、生産性も格段に上がっていったのです。

則天去私　解説

天に則して、私を去る。夏目漱石の残した思想といわれるが、「則天去私」という言葉が直接書かれた文章は残っていないと思われる。しかし、漱石の著書のなかで、「則天去私」らしき思想を反映している文章は、『断片』（大正四年・五年）に書かれている。

技巧の変化、（右、左、縦、横、筋違い）さうしていづれも不成功のとき、どうしたら成功するだらう？といふ質問を出してまた次の技巧を考える。さうして技巧は如何なる技巧でも駄目だといふ事には気がつかず。人間の万事はことごとく技巧で解決のつくものと考へる。さうして全ての技巧のうちどれかが中るだらうと思ふ。彼等が誠に帰るのは何時の日であらう。彼らは技巧で生活してゐる。それも水の中に生活してゐる魚が空気といふ観念がない癖にどうしたら地上を歩く事が出来るかと工夫するやうなものである。

（出所：『漱石全集　第十三巻』七七五頁）

不自然は自然には勝てないのである。技巧は天に負けるのである。策略として最も効力あるものが到底実行できないものだとすると、つまり策略は役に立たないといふ事になる。自然に任せて置くがいいといふ方針が最上だといふ事に帰着する。

形式論理で人の口を塞ぐ事は出来るけれども人の心を服することは出来ない。それでは無論理で人の心を服することが出来るのか。そんな筈もない。論理は実質から湧き出すから生きてくるのである。ころ柿が甘ひ白砂糖を内部から吹き出すやうなものである。形式的な論理は人形に正宗の刀を持たせたと一般で、実質の推移から出る――否推移其物をあとづけると鮮やかに読まれる自然の論理は名人が名刀を持つたと同じ事で決して離れ離れにはならないのである。

（出所：『漱石全集　第十三巻』七七七頁）

とある。技巧をいくら凝らしたとしても、自分の都合に合わせて人の心を動かすことはできない。実質を積み上げ続けた後、その実質を自然の論理として人が認めたとき、その人の心を動かすことができるということであろう。

9 ヤマハ・コミュニケーションプラザ

――本日は、ヤマハさんのコミュニケーションプラザでお話をお伺いしておりますが、このコミュニケーションプラザについてお聞かせください。

長谷川 このコミュニケーションプラザの目的は「ここへ来たら社員も肩書を外して本音でものをいおう」ということです。それが本当のコミュニケーションではないかと。肩書を外し、平等にフェアに話をします。さらに、過去・現在・未来についての話をここでやろうというとで、その道具立てとして、過去から現在までに自社でつくったものや、あるいは未来の参考になるものを陳列しています。

いちばんの発想の原点として、過去の歴史は当然のことながら、失敗展や技術展の企画展などを、いままで行ってきました。失敗は失敗として葬るのではなく、失敗展で明るみに出して、「過去にこういう失敗をしました。皆さんはこれを学んで、ここからスタートをしてください」と。これはとても貴重な資料となります。この失敗展も、企画展の一つとして開催しました。

コミュニケーションプラザには、同時通訳に対応できる施設がありまして、株主総会など、その他いろいろなイベントができるようになっています。

先の多軸とは、軸・コアを中心として遠心力が働きます。お客様のニーズに基づいて、遠心力をもっていろいろな方向へ飛んでいけと。もう一つは求心力が必要になります。そして求心力のコアがこのコミュニケーションプラザで、品質の問題、失敗したこと、成功した事例を、みんな求心力で、ここにもってこいと。これらの事例などは、また別のところでも利用できます。私はそれが本当のコミュニケーションであり、過去・現在の成功例や失敗例、多軸で発展をしていく際の失敗例などすべて集まって、ここに来れば本当のコミュニケーションができると。そういう構想を私はもっています。そして、建物の中心部分であるコアの部分がちょうど資料館になっています。

——建物のデザインそのものが、遠心力や求心力を表しているということですね。

コミュニケーションプラザの前には、地球の模型と、その模型に線でつながったスパイラル状のモニュメントがある。モニュメントはヤマハ発動機の象徴である。地球の模型とモニュメントがつながっていることには、人類は愚かといわれながらも、スパイラル状に上昇、発展し続けているのと同様に、ヤマハ発動機も進化していってほしいという長谷川氏の想いが込められている。そのモニュメントの正面には、川上源一氏の手記にあった「居安思危」という漢語が彫られており、川上氏の思想を現在にも伝えている。

「居安思危」は「貞観政要《じょうがんせいよう》」という唐の二代目太宗と、五人の名補佐役のなかの一人〝魏徴《ぎちょう》〟との間で交わされる政治問答集の言葉。「貞観政要」は『書経』とならび、古くから、帝王学の二大書とされてきた名著。〝貞観〟は唐の太宗の年号（六二七～六四九年）で、その治世は唐王朝三百年の基礎を固めた繁栄の時代であったといわれる。

（出所：『大辞林第二版』三省堂）

10　川上源一氏

――川上源一さんについて、お聞かせください。

長谷川　私は川上さんの影響を随分受けていると思います。私はヤマハ発動機に途中入社です。したがいまして、川上さんの企業経営家としての側面だけをずっとみてきたのですが、以下は私なりの川上さんの見方、ということで宜しいかと思います。

川上さんは、すごい人だったなと思います。実は、川上さんがお亡くなりになられたとき、葬儀委員長を務めさせていただきました。その後、コミュニケーションプラザで「川上源一に学ぶ」というイベントを開いたのですが、そのイベントで、川上さんがおもちであった品物の展示を行いました。
その品物は、川上家の納屋に保管されていたのですが、スタッフとともに、全部納屋から出してみたのです。そうしましたら、驚くべきものが随分出てきました。
まず一つは、あれだけの方なのに「よく勉強していたんだな」と驚くほど、中国に関する本がたくさん出てきました。四書五経からなにやらと。これは川上さんの父上の影響もあったと思います。父上の川上嘉一さんは東大の銀時計組です。遺品もたくさん残っていました。もともと多趣味な方でしたが、刀もたくさん出てきました。

――日本刀ですか。

長谷川　日本刀から洋刀までいろいろです。ものづくりの基本は刃物だとおっしゃっていましたが、数十本の刀が出てきました。源一という銘が入っていました。
あらためて「ものづくりの基本は刃物にあるのだ」と思いました。それから書も随分、ご自身で書いたりされたようです。読まれた書の一つの四書五経には、傍線が引かれていたりしました。

――コミュニケーションプラザの入口、「居安思危」の銅碑がございますね。

長谷川　はい、一年間かけ、銅碑のスパイラルのかたちに決めました。私もこだわりがあったものですから。

写真４　居安思危

川上さんの読まれた四書五経の傍線が引かれた言葉のなかから「居安思危」を選定し、川上さんのご承認をいただいて銅碑に刻印したのです。コミュニケーションプラザ完成時には、川上さんご自身に来ていただきました（写真４参照）。

川上さんとは、エンジンに関する会話なども禅問答でした。「おまえはエンジンのなかに入ったことがあるか」とか。入ったことなどあるはずがないのですが、「ここがつるつるだったらエンジンも気持ちがいいと思うよ」なんておっしゃったりしました。それから、「おやじがそういうなら」と、ピカピカにしたら、実際に馬力が上がったのです。

――川上さんのことを、おやじと呼ばれていたのですか。

長谷川　さすがに、おやじとは呼べなかったのですが、入社した日から川上さんとは禅問答の繰り返しでした。

実は私は、大学を出てから、四年間のうちに会社を二つ変わっているのです。ヤマハは三つ目の会社です。二つ目の会社で、「オートバイのエンジンってこういうものか」という勉強を随分しました。自分で図面を現場にもっていって、現場の人と話をしながら教えていただきました。やはり自分の技術を盗まれるという危機感が中小企業にはありますから、現場に行って教えていただいたのです。

――中小企業のベテランの技能職の方は、引退間際になると教えてくださったりするのでしょうね。

長谷川　そうこうしているうちに、「ちょっと川上さんという変わった人がいるから会ってみないか」ということで、川上さんとお会いする機会がありました。

初めて会ったときに、川上さんは私の顔をなかなかみようとされませんでした。川上さんはその時に、ちょうど洋弓を始められていました。日本アーチェリー協会をつくられて、ご自分が会長で選手にもなられていました。そこで、ずっと下を向いてアーチェリーの矢を削っておられました。

――アーチェリーは、相当筋力が要りますよね。

長谷川　矢をかついで、ご自分でアーチェリーをされていましたよ。私がこうやって話をしていても、顔もみないわけです。私は「何だこの人」と思いましたよ。仕方がないので、私からエンジンの話をしました。
ちょうどその頃ヤマハは、YC－1の一七五ccのバイクを発売していました。私は名古屋にいたとき、もうすでにバイクを分解してエンジンのなかをみていたので「エンジンはなかなかよくできているのだけれども、私だったらエンジンの横幅をもうちょっと狭くしますよ」と。するとその時、初めてぎょろっと私の顔をみて、「あんたは若いけど四十男みたいな口をきくね」と。それが初めての会話です。いまだに覚えています。

――当時の川上さんは四〇歳くらいで、長谷川さんが四年目ということは、二六、二七歳ですね。その四〇過ぎの川上さんから、「君は四十男みたいな口をきくね」と。認めてくれたということでしょうか。

長谷川　生意気なことをいうな、と。川上さんと私との間ではいろいろなことがありましたが、私にとっては人生の師であり、処世の師でありました。やはり戦略とか、鋭い感性を学びました。
バイクレース時代に、世界GPレースで二年連続メーカーチャンピオンを獲得しました。一九六五年頃です。その後、一九六六年二月に、川上さんから「今日から君、トヨタ2000GTの自動車部長をやってくれ」ということでした。私はびっくりしました。自動車部長というのは、製造の担当です。私は何もわかりませんから、断ったのです。「製造なんていままでやったこともないし、ましてや四輪のことは何もわかりません。私なんかにやらせたら、かえって恥をかいて、会社の名誉に傷がつくのではないですか」といいました。すると叱られて「おまえはレースで世界一のチャンピオンになったではないか。世界一を知っただろう。世界を知った男だったら、やってみろ」と。それだけいわれれば、もう「ノー」とはいえないです。

――なかなかの殺し文句ですね。

長谷川　そうです、殺し文句をいわれたのです。本当にびっくりしました。トヨタでも始めたばかりのことで、トヨタ内でもその車の試作をしていることすら知られていませんでした。2000GTを生産に移すことになって、工場を建設中で、設備も持ち込み始めていているという状況でした。それで、「できません」といったら、「世界を知った男だったらやってみろ」と。それだけです。本当に殺し文句です。まあ殺し文句はいいのだけど、うまくいかなかったら私個人の恥ではすまされなくて、会社の恥でしょう。だから本当に私は、駄目だったら会社を辞めないといけない、と覚悟していました。

――去年、都内でトヨタ2000GTが十何台も連なってパレードを行っているニュースが流れていました。

長谷川　トヨタ2000GTオーナーズクラブというのがありまして、愛好家の方々がクラブを結成してから、約四〇年が経ちました。去年の秋に、その四〇周年記念として、オーナーさんたちがパレードを開催されました。東京ビッグサイトから銀座などを回って、芝公園のプリンスホテルで四〇周年のパーティーが開かれました。「それに出席してくれませんか」と声がかかり、私と当時の関係者四人でパーティーに参加してきました。

それはもう本当に我が子みたいに、みなさんピカピカに車を磨いていらっしゃいました。それが颯爽とパレードをやるのですから圧巻です。ものづくりに携わってきた者としては、本当に冥利に尽きるというか、とても嬉しいことでした。

■編著者略歴■

原　　誠（はら　まこと）

1962年生まれ。

東京大学教養学部教育心理学科卒業後、シンクタンク・コンサルティングファーム勤務。社団法人企業研究会参与も務める。

新産業育成・地域活性化の委員など公職多数。

おもな著書として『脱・価格競争の経営』（東洋経済新報社）ほか。

連絡先アドレス　0362678401@jcom.home.ne.jp

KINZAIバリュー叢書
矜持あるひとびと
――語り継ぎたい日本の経営と文化〔1〕

平成23年3月23日　第1刷発行

編著者　原　　　誠
発行者　倉　田　　勲
印刷所　三松堂印刷株式会社

〒160-8520　東京都新宿区南元町19
発　行　所　**社団法人 金融財政事情研究会**
編 集 部　TEL 03(3355)2251　FAX 03(3357)7416
販　　売　**株式会社 き ん ざ い**
販売受付　TEL 03(3358)2891　FAX 03(3358)0037
URL http://www.kinzai.jp/

ISBN978-4-322-11754-7